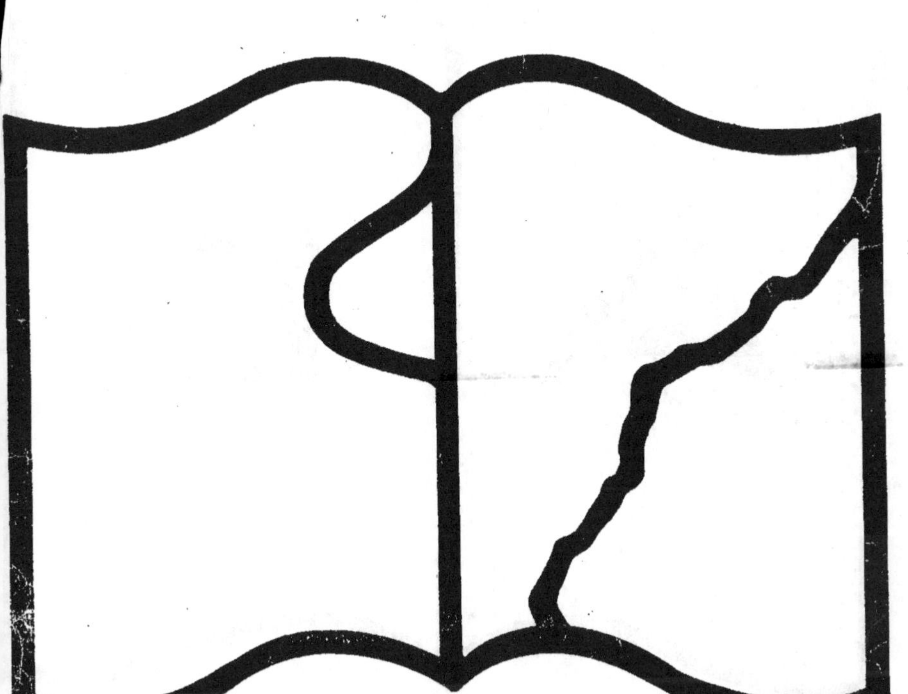

Texte détérioré — reliure défectueuse

NF Z 43-120-11

A
B

J^H. PARRÈS

ÉTUDE HISTORIQUE SUR LA VILLE D'AUMALE DEPUIS SA FONDATION JUSQU'A NOS JOURS

ALGER
IMPRIMERIE ALGÉRIENNE
1912

J^H. PARRÈS

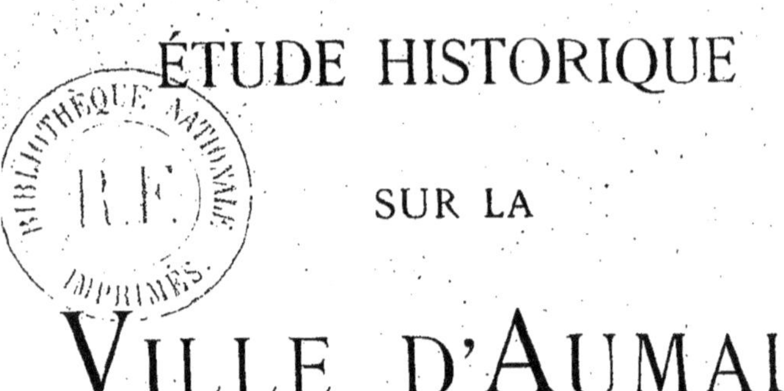

ÉTUDE HISTORIQUE SUR LA VILLE D'AUMALE

DEPUIS SA FONDATION JUSQU'A NOS JOURS

ALGER
IMPRIMERIE ALGÉRIENNE
1912

PRÉFACE

En présentant au public cette modeste étude sur la ville d'Aumale, son passé et son présent, je n'ai pas la prétention d'établir un document historique.

Habitant cette localité depuis mon enfance, je me suis passionné pour tous les souvenirs de l'antiquité qu'évoquaient les innombrables vestiges épars autour de moi, et c'est leur étude qui m'a amené à écrire cet opuscule.

N'étant pas écrivain de profession, je sollicite l'indulgence du lecteur pour la forme et le fond de ce petit ouvrage qui n'a d'autre but, que de mettre en présence l'ancien Municipe romain et la florissante ville algérienne que nos soldats et nos colons ont fait surgir des ruines de son aînée.

Aumale, Octobre 1909.

J. PARRES,
Propriétaire, membre correspondant du Ministère de l'Instruction Publique.

ETUDE HISTORIQUE

SUR LA

VILLE D'AUMALE

DEPUIS SA FONDATION

JUSQU'A NOS JOURS

PÉRIODE ROMAINE

La ville d'Aumale est très ancienne, certains auteurs la disent fondée seize siècles av. J.-C., par des Phéniciens, d'autres par Ithobal, roi de Tyr, cinq siècles et demi av. J.-C. On y adorait le dieu Auzius.

Ce qu'il y a de certain, c'est qu'en l'an 16 av. J.-C., sous l'empereur Auguste, Auzia existait. Selon Tacite, elle était construite sur un plateau de huit cents mètres de long sur trois cent cinquante de large environ, entourée de rochers et de bois.

Sa population urbaine pouvait être de 3.500 habitants, son climat était doux et sain, plusieurs pierres tombales indiquent encore des décès survenus à des âges de 70 à 100 ans.

Aumale est à une altitude de 889 mètres au-dessus du niveau de la mer ; elle est située par 36 degrés 9 de latitude septentrionale et 0 degré 21 de longitude orientale. Elle est assise au pied du Djebel Dirah dont l'altitude au poste optique est de 1.810 mètres, et au Guergour 1.536 (prise d'eau).

La ville actuelle est bâtie sur l'emplacement de l'ancienne Auzia, sur un plateau légèrement incliné du Sud au Nord ; sa longueur est de 1.100 mètres, sa largeur extrême 400 ; sa population 5.200 habitants. Elle est bordée du côté Est par l'Oued Lekahal ou rivière noire (1), qui prend sa source au Guergour, contourne la ville, prend le nom d'Oued Djemma, après Aboutville, ensuite celui de Oued Eddous, près Bouïra, celui de Soummam, près de Beni-Mançour, et se jette dans le golfe de Bougie, sous le nom de Soummam ou Sahel, après un parcours de 195 kilomètres. Près d'Aumale et à un kilomètre, elle a un affluent d'Est, l'Oued Safsafa. Du côté Ouest, l'Oued Kef-el-Hemmem, qui prend sa source dans les Ouled Férah et porte le nom d'Oued de la Cascade (2), contourne la ville, reçoit l'Oued Souaghi et va se jeter dans l'Oued Lekahal, au moulin Meyer, à cinq cents mètres au Nord-Est de la ville.

Auzia formait une confédération avec Rusguniæ (aujourd'hui Cap-Matifou) et Equizétum, ville non rebâtie dont l'emplacement correspond à peu près au village actuel de Mansourah, près de Bordj-bou-Arréridj, quoiqu'une grande incertitude règne à ce sujet.

Auzia portait au 2e siècle le titre de Municipe et de COLONIA SEPTIMIA AURELIA AUZIENSE.

(1) NASAVATH des Romains.

(2) Cascade qui se trouve sur son parcours, Rochers des Pigeons.

Tacite mentionne le CASTELLUM AUZIENSE (aujourd'hui Aïn-Bessem), quartier général d'un commandant de frontière et qui portait le titre de Colonie.

L'inscription suivante y est consacrée :

« AUZIO DEO GENIO ET CONSERVATORI COL » (1)

« Au dieu d'Auzia, génie et gardien de la Colonie » (etc.)

L'historien Amien prétend que le point corrélatif à Auzia était LE CASTELLUM AUZIENSE. Une borne milliaire maçonnée dans le mur de la ferme Giovanonni, à dix kilomètres Nord-Est d'Aumale, à l'endroit dit El-Abia, porte cette inscription gravée sur pierre calcaire couchée de 1 m. 10 sur 60 cent. de haut :

LIMES
PRAFR

« Limes Provinciæ Africæ » (Limites de la province Africaine).

Les limites de l'enceinte romaine (2) qui était de forme ovoïde comme le démontre la carte ci-annexée, ont été relevés par le Génie en 1847. La partie Ouest prenait naissance près du chemin vicinal n° 8 à la porte de Médéah, franchissait les fortifications actuelles, traversait l'immeuble occupé par la Commune Mixte, la partie Ouest de l'esplanade d'Isly et de l'Hôpital, traversait la Manutention de l'angle Nord-Ouest à l'angle Sud-Est, se dirigeait ensuite sur la Place d'Armes, occupait la cour de la caserne d'infanterie, pour ressortir au bastion n° 2.

J'ai pu relever des traces dans le talus des fortifications et dans le jardin de M. Olivier ; ce propriétaire m'a affirmé avoir, en 1876, lors

(1) Inscription trouvée près de Bordj-Hamza, fort turc Bouïra (corpus n° 9014).

(2) Auzia.

du déblaiement de cette partie du jardin, trouvé une grande quantité de pierres de taille qui ont été enlevées par des entrepreneurs.

Entre le Bastion n° 4 et la rivière, et à vingt mètres environ de cette dernière, j'ai pu relever l'emplacement d'un des Bastions Romains de 10 mètres de côté, dont les murs de droite et de gauche encore visibles à fleur de terre, se dirigent d'un côté vers le jardin Olivier, de l'autre vers le Bastion n° 4, où l'on aperçoit épars, quelques vestiges se rejoignant avec la partie Est, qui ne devait certainement pas dépasser la hauteur des Halles aux grains, en raison du ravin qui borde les fortifications actuelles.

Du Bastion n° 5 au n° 9, toute trace a disparu, les fortifications romaines devaient occuper à peu près l'emplacement des nôtres jusqu'à l'endroit indiqué plus haut.

Sur l'Oued Hidria ou Lekahal, face au parc à fourrages, existent encore pêle-mêle, les grosses œuvres en pierres taillées d'une culée de pont renversée ; une de ces pierres, longue encore de 1 m. 50, épaisse de 0 m. 55, large de 0 m. 47, porte la trace d'une cavité centrale ayant 0 m. 25 sur 0 m. 30 et 0 m. 16 de profondeur, faite pour recevoir une poutrelle ou un arc-boutant ; d'autres pierres dont une semblable, se trouvent non loin, emportées par les eaux.

Je suppose que ce pont reliait les deux côtés de la route d'Auzia à Sétifis, en passant plus loin, par les ruines du poste romain des Ouled Slama, au Sud-Est. Une inscription trouvée à Aumale, portant le n° 9.041 du corpus, an de la province 251, relate la reconstruction d'un pont détruit pendant la guerre :

JUBENTE DIVINA MAJESTÆ
DIOCLETIANI ET MAXIMIANI AUGUSTORUM
PONTEM BELLI SÆVITIA DESTRUCTUM
LITUAM RESTITUTUM

« Sous les auspices du distingué gouverneur, construisant sur l'ordre de leurs divines Majestés, Dioclétien et Maximin, un pont détruit pendant la guerre ».

Entre ce pont et les fortifications, se voient encore les vestiges d'un four à chaux qui avait dû servir pendant la construction de ces ouvrages.

La nécropole romaine devait occuper la partie Nord-Est et Sud-Est, hors des fortifications, et s'étendait de l'autre côté de la rivière, vers la ferme Grossat. Actuellement, on n'y rencontre que des vestiges ; les stèles trouvées lors de l'occupation, ont été transportées sur l'esplanade d'Isly.

En l'an 17 de notre ère, sous le roi Juba II, un Maure du nom de Tacfarinas, soldat de l'armée romaine, dont il étudia la tactique jusqu'à ce qu'il se crut suffisamment instruit, déserta. Chef de bande, il se mit à la tête d'une horde de dépravés, se fit reconnaître par la puissante tribu des Misulamés, qui habitait les Monts AURAS (Aurès aujourd'hui) et avait pour chef Mazippa.

L'insurrection avait pour but de détrôner le roi Ptolémée, devenu impopulaire par sa paresse, son luxe effrené et l'abandon de son royaume à ses officiers.

Le proconsul d'Afrique, Marcus Furius Camillius, investi du titre de général, marcha contre Tacfarinas et son armée, remporta une grande victoire et fit de nombreux prisonniers. Tacfarinas, à la suite de cet échec, s'enfuit dans le désert.

Les honneurs du triomphe furent rendus à Camille, par le Sénat de Rome, en l'an 17.

Tacfarinas ne se tint pas pour battu. Trois ans après, il sortit de sa retraite avec une grande armée, ravagea une grande étendue de pays, s'empara du CASTELLUM FABATIANIUM, près du fleuve PAGIDA, coulant entre Constantine et Djidjelli, et fit subir aux troupes romaines de fortes pertes.

L'empereur Tibère apprenant ces désastres, dépêcha en Afrique un nouveau proconsul, ancien lieutenant de Germanicus, Apronius, qui se distingua pendant les campagnes de Drusus en Panonnie, de 18 à 21 ap. J.-C.

Dès son arrivée, il décima dans un engagement la cohorte ennemie et fit périr sous le bâton les soldats désignés par le sort. Devant ses défaites, Tacfarinas changea de tactique, s'en prit aux campagnes, semant la mort et la désolation. Longtemps il fatigua les troupes romaines par sa ruse, longtemps il leur échappa. Cerné tout-à-coup par le fils du proconsul, dans un lieu resserré entre la mer et les montagnes, il fut obligé de combattre de pied ferme ; il ne se tira qu'à grand peine de la mêlée, abandonnant son butin. La plus grande partie de ses troupes resta sur le champ de bataille.

Rome décerna à Apronnius le titre de général ; il fut en outre revêtu des honneurs triomphaux qui consistaient en une robe d'honneur et un sceptre d'ivoire.

Juba II, qui s'allia aux Romains, reçut également du Sénat des marques et titres honorifiques en récompense de ses services.

Tacfarinas était vaincu mais non lassé ; le Sénat envoya contre lui, selon les vœux de l'empereur, un autre proconsul, Caïus Juniùs Blésus. Celui-ci se mit en campagne avec trois corps d'armée, un confié à Cornélius Scipion, son lieutenant ; le second aux ordres de son fils. Lui-même prit le commandement du troisième, en ayant soin d'établir de petits postes dans les endroits convenables, au fur et à mesure qu'il avançait. Après un fort engagement dans une de ces expéditions, il s'empara d'un frère du rebelle.

Tibère supposant de ce fait la guerre terminée, rappela en Italie une légion et Blésus, qui reçut les honneurs triomphaux en l'an 22. Le rappel de cette légion fut pour Tacfarinas, l'occasion de recommencer ses exploits. Il vint assiéger la ville de Thubusuptus, Tiklat, près du village nommé aujourd'hui El-Kseur, à 37 kilomètres de Bougie.

Un nouveau général, Publius Cornélius Dolabella, s'allia avec le roi numide Ptolémée. Ayant appris que Tacfarinas se dirigeait sur Auzia, où il avait dans les environs établi un camp, dans les bois du château à demi-ruiné d'Hamza (1), non loin du Djurdjura (Sud-Ouest, en face de Bouïra. Dolabella profita de la difficulté des lieux pour prendre position et forcer Tacfarinas à accepter le combat. Réunissant tous ses détachements auxquels il donna l'ordre de n'emporter aucun bagage que les armes seulement, ses mesures si bien prises, le secret si bien gardé, que, parti pendant la nuit, il arriva au camp ennemi au petit jour. Les rebelles dormaient tranquillement sous leurs tentes, leurs chevaux paissaient en liberté. Surpris dans leur sommeil par les cris des assaillants et les bruits des trompettes, ils n'eurent même pas le temps de prendre leurs armes et tous furent massacrés dans une épouvantable confusion.

Le fils de Tacfarinas fut fait prisonnier sous les yeux de son père, la plupart de ses chefs massacrés, lui-même opposa une résistance désespérée ; voyant qu'il ne lui restait plus aucune chance de salut, il se jeta tête baissée dans la mêlée, où il trouva une mort honorable (an 24). Cette nouvelle répandit la joie en Afrique et

(1) Fort turc actuel.

jusqu'à Rome. Cette campagne avait duré sept ans et demi et prit fin en l'an 24.

La récompense de Dolabella fut l'ingratitude de Tibère ; quant au roi Ptolémée, il reçut les honneurs du triomphe.

L'Afrique du Nord ou Mauritanie, ancien royaume de Bocchus, fut divisée par l'empereur Claude en deux provinces impériales (an 40 ap. J.-C.), régies chacune par un procurator. La Mauritanie Césarienne et la Mauritanie Tingitane. La Mauritanie Césarienne avait pour capitale Cæsarea (aujourd'hui Cherchell) ; elle occupait nos deux provinces actuelles Alger et Oran, et avait pour limites à l'Est, le fleuve Ampsagas, l'Oued Kebir actuel qui se jette dans la Méditerranée, assez loin de Bougie ; du côté de l'Ouest, le fleuve Molochath, aujourd'hui Moulouïa, fleuve septentrional du Maroc, qui naît dans l'Atlas et se jette dans la Méditerranée, près de Mélilla, après un parcours de 450 kilomètres.

La Mauritanie Tingitanne avait pour capitale Tingis, Tanger actuel, prenait ses limites à la Moulouïa et s'étendait jusqu'à l'Océan ; elle forme le Maroc actuel.

Auzia faisait partie de la Mauritanie Césarienne. En l'an 260, éclatait une insurrection formidable dans les montagnes du Babor, dans la chaîne du Djurdjura (Monts Ferratus), et une tribu voisine que l'on ne connaissait que sous le nom de son chef Faraxen, la tribu des Fraxinenses, mit en ligne quatre puissantes voisines, conduites chacune par un chef.

S'étant séparées, elles n'eurent pas le succès qu'elles espéraient. Le Légat de Numidie, Décianus Macrinus, les battit dans le pays de Milévum, près de Constantine, au moment où ces tribus s'y dirigeaient ; il les poursuivit sans relâche et les défit. Faraxen, à la tête de son petit corps de transfuges, livra quelques petits combats et vint échouer dans les environs d'Auzia, où il fut vaincu et tué par Gargilius, décurion d'Auzia et de Rusguniæ.

Une inscription dédiée par l'édilité d'Auzia, le 8 Février de l'année 221 de la province Mauritanienne, mentionne cette victoire. Cette pierre se trouve actuellement ainsi que d'autres monuments déposés par mes soins dans le Musée. Ces documents sont pour Aumale de véritables pages écrites pour son histoire à l'appui de mon récit.

Je citerai plus loin quelques-unes de ces intéressantes inscriptions copiées au corpus, en commençant par celle de Gargilius.

Dans la banlieue et sur la superficie des deux communes, mixte et de plein exercice, les ruines romaines sont également nombrables et permettent de faire la lumière sur ce que fut l'occupation romaine dans la région d'Auzia, qui était en relations, d'une part avec Cæsarea, de l'autre avec Sétifis.

(1) On comptait douze gîtes d'étapes partant de Sétif, savoir les villes suivantes: 1. Perdicès (aujourd'hui Henchir-Fraim); 2. Cellaé (Kerbet-Zerga); 3. Macri (Magra); 4. Sabi (Henchir-Bechilga); 5. Araé (Tarmount); Tatilti (non reconstruit, environs de M'Sila); 6. Auzia (Aumale.

(2) 7. D'Auzia à Cæsarea (Cherchell) ; 8. Rapidi (aujourd'hui Masqueray)(2) ; 9. Tiranadi (Berrouaghia) ; 10. Caput Cilani (non reconstruit); 11. Sufasar (Amoura); 12. Aquis (Hamman-Rhiga) et enfin Cæsarea (Cherchell).

(1) Itinéraire d'Antonin.

(2) On aperçoit encore, entre Aumale et Masqueray des vestiges de la voie romaine.

DÉDICACE A GARGILIUS

Q GAR GILIO QFQ MARTIALI EQR
PRAEF COH IASTYRUM PR BRITTA
NIAE TRIB COHSP PR MAUR GAES
MILPRAE P COH SING, ET, VEX
EQQ, MAUR OR INTERRITTORIO
AUZIENZI PRAETEN DENTIUM
DEC, D VARUM COLL AUZIEN
SIS ET RUSGUNIENSIS ET PAT
PROV OB INSIGNEM INCI
VES AMOREM ET SINGULA
REM ER, GA PATRIAM ADFEC
TIONEM ET QUOD EIVS VIR
TUTE AC VIGILANTIA FA
RAXEN REBELLIUS CUM SA
TELLETIBUS SUIS FUERIT
CAPTUS ET INTERFECTUS
ORDOCOL AUZIENZIS
INSIDUS BAVARUM DE
CEPTO PF FDD VIII KAL
FEBR PR CC XXI

TRADUCTION

A Quintus Gargilius Martialis, fils de Quintus de la tribu Quirienne Martiale Chevalier romain, Préfet de la première cohorte des Asturies dans la provincee de Bretagne, tribun de la cohorte des Espagnols, de la province de Mauritanie Césarienne, Chef de la cohorte des Singu-lares et des détachements de cavaliers Maures établis en avant-postes sur le territoire d'Auzia, Décurion des deux colonies d'Auzia et de Rusguniæ et patron défenseur de la province, à cause de son grand amour pour les citoyens et d'une particulière affection pour la patrie, et parce que par son courage et sa bravoure à résister aux rebelles de Faraxen ; il fut pris et tué avec ses satellites, le corps de troupe de la colonie d'Auzia éleva aux frais publics ce monument à celui qui fut surpris par les embûches des Bavares ; il fut dédié le huitième jour avant les Calendes d'avril, l'année 221 de la province.

Pendant ces combats, un chevalier romain, Publius Aélius Primianus, qui avait passé par toutes les milices équestres, tribun d'une cohorte de Sigambres, ceinturion primipile, tribun des Vigiles, décurion d'une aile des Thraces, commandant à titre extraordinaire une milice indigène, où il s'était distingué ; devenu décurion des trois colonies d'Auzia, Rusgunia et Equizétum, prit sa retraite à Auzia, où il mourut le 13 Mars, année 216 de la Province (255 de notre ère). Sa fille Aélia, d'Auzia, s'acquittait d'un pieux devoir auquel son frère, décédé lui-même, n'avait pu satisfaire ; elle faisait élever un monument à son père, dédicace ci-dessous reproduite et traduite :

Corpus 9.045

P AEL P F Q PRIAMIANO
EQ R TRIB GOH IIII SVN
GB A MIL PRIM OP TRIB
COH IIII VIC EX DEC A
THRAC PRP VEX E QQ
MAUR OR DEFENSO
RI PROV SUAE DEC III
COLLLAUZ ET RUSG
ET EQUIZ P AELI
US PRIMUS DEC COL
AUZ PRIUS MORTE
PRAEVENTUS QVM
DED PAT PIISSIMO
AEL AUDI FFIL PAT
DD XIII KAL
MAR P CC X VI

A Publius, Ælius premier Ceinturion, primipile (préfet romain), Chevalier romain, Tribun de la quatrième cohorte des Sigambres, Tribun des Vigiles, commandant de la cohorte quatrième des Thraces et premier commandant des cavaliers Maures, défenseur de sa patrie, Décurion des trois colonies d'Auzia, Rusgunia et Equizétum, Publius Ælius, premier décurion de la colonie d'Auzia enlevé par la mort avant qu'il pût élever ce monument à son très cher père. Ælia, reconnaissante, fit élever ce monument le 13 des calendes de mars de l'année 216 de la Province (an 255 de notre ère).

Troisième inscription faisant allusion au chef Faraxen, et trouvée à Lambèse :

I O M
CETERISQ DIIS DEABUSQ IMMORTALIB
C MACRINIUS DECIANUS V C LEG
AU GG PR PR PROV NUMIDIAE ET NO
RIGIBA VARIBUS QUIADUNATIS IIII
REGIBUS IMPROV NUMIDIA MIN
RUPERANT PRIMU MIN REGIONE
MILLE VITA NAI TERATOIN CONFI
NIO MAURETANIAE ET NUMIDI
AETERTIO QUINQUE, GENTANEIS
GENTILIBUS MAURITANIAE CAE
SARINSIS ITEM GENTILIBUS FRA
XINENSIBUS QUI PROVINCIAN
NUMIDIAMU ASTABAN T, CAP
TO FAMOSSISSI MODU CEEORUM
CAESIS FUGASTIQUE

A Jupiter très bon et très grand et à tous les autres dieux et déesses immortels, Caïus Macrinius Deciamus, homme très illustre, légat des deux Augustes comme gouverneur des deux provinces de la Numidie et du Norique, au temps où les Bavares sous la conduite de quatre rois et chefs, avaient envahi la province de Numidie. d'abord dans la région de Milève, ensuite sur les confins de la Mauritanie et de la Numidie; troisièmement les Quinquegentiens de la Mauritanie Césarienne et également les gens de Faraxen dévastant la province de Numidie ayant pris leur fameux chef, il mit en pièces et extermina l'ennemi.

Ce Macrinius Décianus est ce légat de Numidie dont il est question plus haut, qui sauva la Numidie contre le soulèvement des Babors ; il ne pouvait être Gouverneur de la Numidie et du Norique en même temps.

L'inscription suivante et sa traduction donnent le récit de la construction d'un marché avec ses portiques et l'établissement de ses poids (Janvier 230 de J.-C.). Pierre enclavée dans le mur de la caserne de cavalerie :

Corpus 9.062

MACELLUM CUM PORTICIBUS
ET PONDERIBUS, OMNIBUSQUE
ORNAMENTIS RESP COL SEPTIMIAE AUR AVZI
ENSIUM SUNTIBUS TUM SUIS QUM
EX SPORTULIS DECURIORUM OPE
RISQUE POPULARIUM A FUNDA
MANTIS COEPTUM PER FECIT DEDI
CAVIT QUE XVIII KAL IAN
PR CLXXXXI CURANTIBUS
C AUFIDIO VICTORINO ET
INVENTIO CARO AEDELIBUS
QUORUM E + M SUAMAE HONO
RATIAE ERA DEPENSIAE SUT

Ce marché avec sa grosse structure et tous ses ornements, commencé dès les fondements aux frais de la colonie Septime Aurélienne d'Auzia soit par ses propres deniers soit aussi grâce à la générosité des décurions et à l'obole du peuple. Il l'acheva et le dédia le 13 des calendes de janvier l'an CLXXXXI de la Province à C. Aufidius Victorinus qui en eurent grand soin, et aux édiles qui avaient à cœur cet ouvrage et se dépensèrent beaucoup dans cette œuvre.

En effet, ce qui prouve l'existence de ce marché, c'est que plusieurs colonnes en pierres, notamment celle de la place Thiers et celle du Square Carnot avec son chapiteau, ont été trouvées sur cette place il y a une vingtaine d'années.

L'an passé, la ville faisant creuser une tranchée pour la conduite du gaz, mettait à jour des vestiges de toutes sortes ainsi qu'un dallage en pierres de taille de forte dimension d'une longueur de dix mètres dont les deux extrémités étaient terminées par deux bases de colonne de forte dimension, sa largeur s'étendant sous la chaussée ; le tout de niveau, parfaitement aligné et à trente centimètres de profondeur.

Colonne milliaire en calcaire, hauteur 1 m. 90, plateau face à la ferme Poulou, 7 kilomètres au Nord-Ouest d'Aumale, indiquant les milles entre ce point et Auzia (1, 2), époque de Claude le gothique, an 268, 270 de notre ère :

N° 1

IMP CAES
M AURELIO
CLAUDIO
INVICTO
PIO FELI
CI AUG
MLP
IIII

(1 et 2) Route de Rapidi à Auzia.

A l'Empereur César Marc Aurèle Claude l'Invincible le Pieux, l'Heureux, l'Auguste. Quatre mille pas (5924 mètres).

Même propriété, grande pierre milliaire trouvée à quarante mètres de la précédente, actuellement enclavée dans un mur de la ferme. Règne de Trajan Dèce, de 249 à 251 de notre ère :

N° 1

IMP CAES G MIS
SIO R TRAIANO
DECIO INVICTO
PIO FELICI AUG
IT PONTIF MAX
TRIBUN + CS + PRO
CS IIII

A l'Empereur César, Caïus, Méssius, Quintus, Trajanus; Décius, l'Invincible, le Pieux, l'Heureux, l'Auguste. Grand pontife, tribun, trois fois consul, proconsul. Quatre mille pas.

Même propriété, milliaire de l'époque des empereurs Philippe, découvert par M. Parrès, non loin des deux milliaires mentionnés plus haut.

Bloc calcaire demi-cylindrique : hauteur 1 m. 90, hauteur occupée par l'inscription 0 m. 90, largeur de celle-ci 0 m. 37, hauteur moyenne des lettres 0 m. 05 :

N° 2

IMP CAES
IN
VICTO PIO FE
LICI AUG PON
TIFICI MAXI
MO TRIBUNI
CIAE POTESTA
TIS PP

Les Milliaires numéros 1 et 2 sont actuellement dans la cour du musée, transportés depuis par mes soins.

I
NO BILSSIMO
I
CÆS PRINCIPIV
I
VENTUTS O
D N
IIII

A l'Empereur M. I. V. L. Philippe, l'invaincu, le pieux, l'heureux, l'auguste, grand pontife revêtu de la puissance Tribunitienne, père de la patrie, et Philippe le noble César, prince de la jeunesse par ordre des Décurions. Quatre mille pas.

Ferme Savès, sud d'Aumale

Bloc calcaire maçonné dans un mur faisant face au Sud : hauteur totale de la pierre 0 m. 52, de l'inscription 0 m. 26, largeur de la pierre 0 m. 42, de l'inscription 0 m. 20, hauteur des lettres 0 m. 07 :

DMS
QIVLIV
SERAIVS
I
VAIIIIMS
DXXIIII

Diis Manibus Sacrum. Quintus Julius. Séranus a vécu trois ans, un mois, 24 jours.

Ferme Bordier Emile, près de l'habitation

Cinq sarcophages en pierre calcaire, trouvés dans la propriété, assemblés pour l'usage d'un abreuvoir, et mesurant ensemble 8 m. 91. Le deuxième porte en lettres gravées de 0 m. 07 de haut, un nom propre : RESTUTI.

Au Nord-Ouest de la porte d'Alger, dans le rocher faisant face et près de la rivière, on aperçoit, taillé dans le roc, un bas-relief représentant le buste d'une guerrière cuirassée, tenant une lance à la main droite ; à gauche, la dédicace suivante :

VALERIA. VICTORINA. VOTI. BONA
SOLVIT. M. VIRTUTI.

Valéria Victorina de par un vœu, dédia ses biens à la vertu.

DÉDICACE PAR LIBER ET LIBERIA

Grande inscription dont la partie gauche a été mutilée et transportée dans le Square, porte principale en entrant à droite :

I I
DIIS SANCTIS LBERO E LIBERAE
CONSERVATORIBUS DONO

I
RUM ET RERUM SYRIUM RENOVATS

I
NUMINBUS EORUM

I
AEDICTO TRIBUNAL CUM OMNBUS

I
ORNAMENTS SUIS

I
LAPIDE QUADRATO SUMTBUS SUIS
POSTUMIUS MNRUS

I I I
CUM LBURNIA FELCIA MARTAE

+ I
POSTUMAS VICTORA

I
ET FILI A B L TAMNONUS DONATUS

I +
CUM FLAVA QUARTA MARTAE
IANUARO ET SATURNINA E ZABA E
MONNA E DONAT POM

I I
PONTUS CwM SATURNNA MARA E

+ I
POMPONS PERPETUO FILO E FE
LICIA FILIA ET FORTUNATA UXORE E
IIUS FECERUNT E DICAVERUNT L A
II KAL JUNIAS P CLXXXXVI

TRADUCTION

Aux dieux saints, Liber et Libera, conservateurs de leurs maisons et de leurs biens, ayant renouvelé leurs mages et ajouté un soubassement en pierres de taille avec tous ses ornements.

Postumius Maurus avec Liburnia Felicia, sa femme, et Postumiæ Victoria, ses filles. L. Tannonius Donatus avec Flavia Quarta sa femme et Januarius Saturnina, Zaba. Monna, Donatus, Pomponius... avec Saturnina sa femme et Postimius Perpétuus, son fils, ont fait à leurs frais et ont dédié le monument le 2 des Calendes de juin de l'année de la Province CLXXXVI (235 de notre ère).

AUTEL DÉDIÉ A LA VICTOIRE DE SEPTIME SÉVÈRE

VICTORIAE AUG
L SEPTIMI SEVERI
I
PII PERTNACIS ARA
BICI ADIABENICI PP
ET M AUREL ANTONN
C IV L C F Q EMERITUS
+
Q AEDLCIUS STATUAM
QUM OB HONOREM
I I
AEDLTATS QUOD PROM
I
TISSIM POPUL VOLONTATE
HONOR ISTE INSE CNLA
I I
TUS ST SUPER LEGITMM
HS V M SU

cum bas I
posuit

(d'autres auteurs représentent ainsi les dernières lignes) Musée:

ISVN — SUA — BAS

A Lucius Septimus Severus, Pieux, Pertinax, Arabique, Adiabénique, père de la Patrie, et de Marcus Aurélius Antoninus, Caius Julius Emeritus, fils de Caius, de la Tribuna, Quirina, Questeur, ancien Edile, a érigé avec sa base la statue qu'il avait promise (1), parce que le peuple lui avait accordé sans hésitation l'honneur de l'édilité, outre la somme honoraire de 5.000 sesterces (2).

DÉDICACE A L'EMPEREUR SEPTIME SÉVÈRE

(an 198 de notre ère 237)

IMP CÆS

Divi m antonini pii f Di

VI Commodi frati Divi an

++ I
TONN PI NEPOTI DIVI HAD riani

I I +
PRONEPOT DU TRAIAN PARTH

+ I I
CI MXMI ABNEPOT DU NERNE

ADNEPOTI

L SEPTIMIO SEVERO PIO PERTINAI

FELICI AUG ARABICO ADIABENICO

+ I I
PARTHCO MAXIMO PONTFCI MA

XIMO P P TRIB POT VI IMPXI

COS II PRO COS AUZIENZES

(1) C'est-à-dire la Bienvenue exigée des magistrats élus.

(2) Environ mille cinquante francs de notre monnaie.

(3) Les deux premières lignes sont martelées.

DÉDIÉ PAR LES HABITANTS D'AUZIA

A l'Empereur César, fils du divin Marc Antonin le pieux, frère du divin Commode, petit-fils du divin Antonin le pieux, arrière petit-fils du divin Hadrien, descendant du divin Trajan, le très grand Parthique, et du divin Nervæ à Lucius Septimus Severus, pieux, Pertinax, heureux, Auguste, Arabique, très grand Adiabénique, Parthique, grand pontife, père de la patrie, investi de la sixième puissance Tribunicienne, salué pour la onzième fois Empereur, consul pour la seconde fois; proconsul.

La ville est jalonnée d'anciennes conduites d'eau, d'égouts, de caves de thermes, de débris de toutes sortes que l'on découvre en piochant.

Ne voulant pas fatiguer le lecteur par une trop longue énumération de ces trouvailles, ainsi que des inscriptions, je me bornerai à en citer quelques-unes.

En ville, dans les caves de la Maison Dreyfus, existe une citerne maçonnée et enduite de cinq mètres de profondeur sur trois de large environ, en parfait état de conservation, ayant les formes d'une immense dame-jeanne.

En 1881, pendant la construction de l'immeuble où est installé la Commune Mixte, un puits d'une quinzaine de mètres de profondeur et d'un diamètre de deux environ, a été découvert maçonné et en parfait état dans un des bastions de l'enceinte Romaine. En le déblayant, quelques poteries et monnaies ont été découvertes, une source abondante l'alimente actuellement.

Pierre faisant palier au balcon de droite de l'immeuble de la Commune Mixte d'Aumale, et trouvée non loin de la construction en Mars 1881.

Longueur 1 m. 70, largeur 0 m. 80, épaisseur 0 m. 25. Très belle inscription entourée d'une double guirlande de fleurs et d'ornements, sur le pourtour de l'épaisseur, court une décoration faite de feuilles d'acanthe :

CAELESTI AUG REDUCI ET
CONSERVATRICI DOMUS SUAE

QUOT SALVOS INCOLUMES QUE CIULIUM
VICTORICUM ET

CÆCILIA NAMPHAMINA PARENTES
INUE NERIT CIULIUS

LIBOSUS COM ULPIA DATIVA VXORE
AC LIBERIS SUIS

HANC ARAM OPERIS QUADRATARI
DONAVIT NUMI

NIQUE PEREGRE PROMISSUM LIBENS
REDDIDIT VOTUM

FELICITER

DÉDICACE AUX DIEUX DU CIEL, PAR C. JULIUS LIBOSUS

Outre le génie de leur Colonie, Auzius, Déus Saturne et les divinités orientales, les Auziens semblent avoir honoré particulièrement les Baalim Samains, dieux et déesses des cieux de la Phénicie. Ce sont eux auxquels il est fait allusion dans Cælestibus Augustus.

Sur le palier de gauche, même immeuble, une pierre de mêmes dimensions, ornée des mêmes guirlandes, porte une dédicace composée de trois lignes, hauteur des lettres 0 m. 12 :

DIIS CAELESTIBUS AUGG CIULI

US LIBOSUS CUM SUIS OMNIBUS

USLA XI KAL IVL P CCII

DÉDICACE AUX DIEUX DU CIEL, PAR C. JULIUS LIBOSUS. (en 241 ap. J.-C.)

A Cælestis Augustis, qui n'est autre que Tanit, dont le culte est au moins contemporain des plus anciennes colonisations phéniciennes de l'Afrique.

Les deux belles inscriptions décrites plus haut et qui forment chacune un balcon de l'immeuble, ont été également trouvées là.

Pendant la construction de l'hôtel Grossat, rue de l'Hôpital, une mosaïque de plusieurs mètres carrés, faite de losanges et de rosaces d'un beau dessin et dont une partie est au Musée, a été trouvée sous la rue.

Au dehors, les vestiges sont nombreux. Au Nord-Ouest d'Aumale, ferme Marin et à environ trois kilomètres sur le sommet du Englib-el-Rabah (altitude 900 mètres), existe un pressoir à huile en parfait état, fait de trois pièces taillées dans le roc calcaire :

1° Le bassin, d'un seul bloc, long de 2 m. 70, large de 1 m. 10, profond de 0 m. 72, épaisseur des parois 0 m. 18.

2° Au-dessus de ce bassin et communiquant avec ce premier par une rainure circulaire de 0 m. 03 de profondeur, existe une pierre plate de 2 m.02 sur 2 m. 30, d'une seule pièce.

3° Sur le côté sud-est de ce bassin, se trouve une seconde pierre plate carrée de 1 m. 80 (le pressoir) dans laquelle se trouve une rainure circulaire de 0 m. 08 de profondeur. Elle a dû être jetée de côté par un tremblement de terre.

Sur les montagnes de la même propriété, à deux endroits différents, au lieu dit Chebet-el-Basbas, j'ai relevé l'emplacement de deux petits postes circulaires de 5 à 6 mètres de diamètre, complètement en ruines. Plus loin, quelques restes d'un moulin à huile ainsi que des vestiges d'habitation qui étaient venues se mettre à l'abri de ces petits postes.

Au Sud-Ouest, ferme Salvignol, on aperçoit les restes d'une conduite Romaine ; à la limite de cette propriété et de celle de M. Gentil, au Djebel Kerbouba, sur un bloc plat de 2 m. 50 de diamètre, on aperçoit un tracé circulaire de 1 m. 70 de diamètre, creusé seulement d'un côté et de

40 centimètres de fond. Sur le flanc est un trou de 0 m. 08 de diamètre, fait pour recevoir la vidange de ce futur pressoir.

En arrivant à l'endroit dit la Cascade, à trente mètres environ de la chute, sur le côté Est au bord du ravin, se trouve une masse de pierre calcaire d'un seul bloc, d'un diamètre de quatre mètres environ et d'une hauteur de 1 m. 50. Cette masse a été aplanie à l'aiguille ; au centre, reste encore une partie tringulaire de un mètre de côté, inachevée ; l'ensemble devait servir comme moulin à huile. Comme celui signalé plus haut, il a été abandonné pour des motifs ignorés. L'existence de tous ces pressoirs et moulins à huile prouvent l'existence d'olivettes dans les environs d'Auzia.

Derrière la pépinière (au filtre) et face à ce dernier, on voit parfaitement les restes d'une conduite d'eau (c'en serait donc une deuxième qui alimentait la ville). Un peu au-dessus, dans le Djebel Mazouze, deux tombeaux sont creusés dans le roc ; le dallage qui les recouvrait a disparu depuis longtemps.

Au Nord-Est de la ville et à quinze cent mètres aux environs du chemin de l'ancien Pénitencier de Sidi-bel-Kacem, existent encore les ruines d'un ancien therme ; un peu plus haut, sur la gauche, une mosaïque ; derrière la montagne, une importante construction dont il ne reste que les murs ; plus bas et tout près, la fontaine qui est d'un grand débit.

Toutes ces ruines ont été fouillées, vandalisées, sous les ordres de la direction du Pénitencier.

A onze kilomètres Sud-Est, aux Ouled-Slama, les vestiges d'un poste (1) Romain sont encore

(1) Poste crée pour la protection de la voie romaine, d'Auzia à Sétifis.

bien conservés, une tour centrale d'où on pouvait apercevoir au loin le pays, existe sur une hauteur de trois mètres. Les environs de ce poste sont semés de ruines attestant l'existence d'une population qui s'était installée sous sa protection. Les indigènes désignent cet endroit sous le nom de Rorfa.

En 372, Firmus, fils du chef berbère Nubel, souleva les tribus des Monts Ferratus (Djurdjura), contre l'autorité de Rome, battit les légions romaines et brûla Julia Cæsaréa (Cherchell).

Le comte Romanus (Gouverneur de l'Afrique), se ligua secrètement avec les tribus du désert contre les provinces qu'il avait mission de protéger. L'empereur Valentinien Ier envoya le comte Théodose, grand maître de la cavalerie, avec quelques troupes de sa garde pour combattre le rebelle.

Le général débarqua à Igilgilis (Djidjelli), se rend à Sétifis, où Firmus, apprenant son arrivée et la réputation d'homme de guerre qui le précédait, lui offrit de se soumettre et de déposer les armes. Théodose accueillit ses propositions de paix, mais sans suspendre ses opérations militaires ; la suite justifia cette sage précaution, car au moment où Firmus promettait la paix et l'envoi d'otages, deux de ses frères, Maszicel et Mazucca, à la tête chacun d'un corps de troupe considérable, s'avançaient pour le soutenir.

Théodose ne lui en donna pas le temps. Les Maures acceptèrent le combat, mais furent battus, ce qui amena une seconde soumission de Firmus ; effrayé, il livra des otages, mais d'un autre côté, il continua à fomenter la guerre en distribuant des sommes considérables aux soldats romains.

A Cæsaréa, Théodose ayant été avisé de sa perfidie, se porta immédiatement à Sugabarri (près Affreville), surprit un corps de transfuges et les emmena prisonniers à Tigavie ; les deux chefs furent décapités. Théodose s'occupa alors de rompre la ligne formée à grands frais par l'ennemi et ne se laissa pas gagner par de vaines promesses faites par les Baiures, les Cantaviens, les Avastomates, etc.

Firmus, effrayé du danger d'une défection, se sauva au loin dans les montagnes des Caprariens : Théodose dévasta aussitôt leur camp abandonné, installa des chefs dévoués sur les tribus qu'il soumit. Sur son passage, il se rendit maître de la place de Conta, d'où Firmus s'était enfui à son approche pour aller se réfugier chez les Issafliens (tribu des environs d'Auzia).

Théodose les attaqua de nouveau et s'enfonça dans les montagnes des Jubalènes, patrie de Firmus et de Nubel. Là, les difficultés du terrain l'arrêtèrent, il revint au château d'Auzia, où il reçut la soumission des Iessaliens ; il apprit que Firmus revenait avec une armée de vingt mille combattants commandés par Igmacen.

Dès qu'il aperçut Théodose, ce dernier courut à sa rencontre avec une faible escorte, dissimulant ainsi son armée : « D'où viens-tu ? Qui es-tu ? Que viens-tu faire ici ? » lui dit arrogamment Igmacen. — « Je suis, répondit le comte Théodose, général de Valentinien Ier, monarque de l'Univers. Il m'envoie ici poursuivre un brigand sans ressources. Remets-le moi à l'instant et sois assuré que si tu ne m'obéis pas, toi et ton peuple disparaîtrez sous la terre ». Ces paroles n'intimidèrent pas le chef barbare qui parut alors avec son armée, battit les Romains et rentra victorieux à Sétifis.

Théodose s'enfuit à son tour et vint s'enfermer dans le Castellum Auziensé, fort hexagonal d'Aïn-

Bessem, dont on voit encore quelques vestiges (ferme Zehler, à environ 800 mètres au Nord du village).

Enfermé dans ce fort, il tint tête plusieurs mois à l'ennemi ; après s'être échappé, il finit, par des mouvements détournés, à rejoindre Sétifis.

Enfin, dans une dernière entrevue, le chef Igmacen se décida à traiter secrètement de l'enlèvement de Firmus, qui s'était à son tour réfugié dans le Castellum Auziensé.

Firmus, averti par un espion du danger qui le menaçait, se pendit dans son refuge. Son corps fut transporté sur un chameau au château de Subicarra, près duquel campait Théodose, qui rentra triomphalement à Sétifis avec sa dépouille, après trois années de guerre (an 375).

Théodose, ce héros africain qui avait conservé à Rome cette province, mourut décapité à Carthage, victime de fausses accusations, sur l'ordre de l'empereur Gratien. Ce fut la récompense décernée à ce vaillant guerrier.

PÉRIODE BARBARE

En 429, un nouveau bouleversement atteignit les provinces d'Afrique. Les Vandales, débarqués en Tripolitaine, occupèrent l'Afrique du Nord, de 429 à 535 de notre ère. Ils eurent comme chef au début, Genséric, leur roi de 428 à 477. Hippone et Cirta leur résistant, un traité de trois ans (18 octobre 439 fut accepté ; la trève expira, les Vandales s'emparèrent de ces deux villes et se dirigèrent vers le Sud.

A ce moment, l'empereur Honorius envoya le comte Boniface, général du Bas-Empire, pour gouverner l'Afrique. A la suite de dissentiments, Aétius, jaloux, le fit disgrâcier ; Boniface refusa de quitter son gouvernement d'Afrique, il s'allia aux Vandales contre les Romains, mais il se repentit vite de sa faute et essaya d'arrêter l'invasion de ces barbares. Battu par Genséric, leur roi, il dut céder les trois Mauritanies, Sétifienne, Césarienne, Tingitane, et s'enfuit en Italié. Rentré en grâce auprès de Valentinien, il mourut dans un combat en 432.

Auzia, dans cette période, eut à subir le joug des Vandales pendant 106 ans ; elle se révolta souvent, mais hélas ! sans succès ; ses élans furent toujours réprimés avec la dernière férocité, et bon nombre d'édifices publics ou privés furent détruits ou incendiés.

Les Vandales furent chassés à leur tour par les Byzantins qui occupèrent l'Afrique militairement, de 534 à 647. Eux-mêmes furent à leur tour dépossédés par les Arabes dans la seconde moitié du VIIe siècle, vers 697.

Jusqu'à cette époque, Auzia n'est plus mentionnée dans la relation d'aucun fait. Il est certain qu'elle est administrée, dominée par les Berbères toujours en insurrection dans le Nord de l'Afrique. A quelle époque survint la ruine d'Auzia ? Aucun géographe, aucune légende, aucune inscription ne viennent nous l'apprendre.

PÉRIODE ARABE

Du septième au douzième siècle, Auzia eut à se défendre contre l'invasion des Maures qui, finalement restèrent maîtres de l'Afrique. La religion musulmane remplaça la religion chrétienne et Auzia dut, comme ses compagnes, subir son nouveau sort ; la langue des Maures, leurs mœurs, leur religion y furent imposés. Le beau Municipe d'Auzia devint Sour Chozlan ou Rozlan (rempart des gazelles) ; aujourd'hui les indigènes le surnomment par dérision (rempart des souris), la gazelle aux environs d'Aumale, n'existant plus qu'à l'état de légende.

Aux Maures succédèrent les Turcs ; pour l'Afrique du Nord rien n'était changé. De Baba Haroudj, un des deux frères Barberousse, pacha turc en 1815, à Hassein ben Hassein 1830, Sour Rozlan fut soumis à leur domination.

Les Turcs commirent autant de déprédations que les Vandales, démolissant les ruines Romaines, byzantines, etc., et s'en servant pour leurs construction. C'est ainsi qu'en 1840, il existait encore sur l'emplacement actuel de l'école des garçons, aujourd'hui, un petit fort, construit en partie de vestiges anciens provenant du fort Romain et dans lequel le pacha entretenait une petite troupe qui exerçait une salutaire influence pour la tranquillité du pays.

PÉRIODE FRANÇAISE

Il n'entre pas dans le cadre de cette étude de rappeler ici les motifs et les débuts de l'occupation française en Algérie.

Sous l'influence du Général, depuis Maréchal Bugeaud, on avait vers 1840, renoncé à la politique hésitante des premières années, et la pénétration s'opérait progressive en vue d'une installation définitive. Tantôt on occupait des villes arabes existantes comme à Tlemcen ou à Mascara, tantôt on créait de toutes pièces un centre nouveau pour servir de point d'appui à nos troupes et souvent l'occupation française faisait ainsi renaître de ses ruines, une ville créée par nos ancêtres latins.

Il en fut ainsi pour Sour Rozlan où, le 27 Mai 1843, le duc d'Aumale, au retour de l'expédition où à Aïn Taguin, sur le haut Chélif, il s'était emparé de la Smala d'Abd-el-Kader, posait la première pierre d'un centre, qui, le 15 Novembre 1846, prenait, par décision ministérielle, le nom de ville d'Aumale.

Le 27 Février suivant, Ben Salem et Bel-Kacem ou Kaci, deux des lieutenants de l'émir, faisaient à Aumale, leur soumission entre les mains du Maréchal Bugeaud.

Le 14 Octobre 1846, le Colonel Ladmirault fut nommé Commandant Supérieur du Cercle d'Aumale, avec le Capitaine Ducrot comme Chef des Affaires Indigènes et le Lieutenant Beau-prêtre comme adjoint, devenu plus tard la terreur des Arabes.

En 1848, le Gouverneur de l'Algérie, Marey Monge, en souvenir de la création de l'Eglise Ste-Julie d'Aumale, fit, après une cérémonie imposante, graver sur une pierre qui se trouve aujourd'hui à gauche en entrant dans la nouvelle Eglise, l'inscription suivante :

ARMEE D'ALGERIE DIVISION D'ALGER
SUB[on] DE MEDEAH CERCLE D'AUMALE
MAREY MONGE GOUVERNEUR GENERAL
CARBUCCIA COLONEL COMMANDANT SUPERIEUR
FETET CHEF DU GENIE, 12e D'ARTILLERIE, 3e GENIE
EGLISE SAINTE-JULIE D'AUMALE
PAUL EVEQUE D'ALGER LASSERE CURE
1848

De 1846 à 1862, le Génie fit construire autour de la ville, un mur d'enceinte d'une longueur de trois kilomètres environ, et d'une hauteur extérieurement variant entre cinq et dix mètres, avec 17 bastions et des meurtrières construites en pierres de taille. Cinq portes, dont quatre monumentales en pierres de taille, donnent accès à quatre chemins : la porte d'Alger ou du Nord, a été terminée en 1855 ; celle du Sud ou de Bou-Saâda, en 1856 ; celle de l'Est ou de Sétif, en 1857 et celle du Nord-Ouest ou de Médéah, ainsi que l'Abattoir, en 1856. La cinquième porte, plus petite, derrière l'Hôpital, communique avec le Marché hebdomadaire et avec quelques fermes environnantes.

Deux belles et immenses casernes, le quartier Lanusse, pour l'Infanterie, le quartier Mireur, pour la Cavalerie, construites sur rez-de-chaussée, élevées de deux étages et combles, et pouvant contenir 2.000 hommes, datent de la même époque. De vastes écuries et dépendances occupent avec les casernements, la partie haute à l'Est de la ville ; le logement du gardien de batterie avec le parc aux munitions, plus bas également à l'Est, un vaste parc à fourrage y est installé.

La partie Ouest haute comprend : le château d'Eau, la Chefferie et les bureaux du Génie, la Manutention et ses dépendances, vaste construction, et enfin divers logements d'officiers, ainsi que la Place d'Armes, face aux casernes et la poudrière, à l'angle du bastion n° 13.

Un splendide Hôpital, formant un vaste carré, élevé de deux étages avec une cour intérieure dont la façade est garnie d'arcades en pierres de taille et dont le centre est occupé par un jardinet avec bassin et jet d'eau, donne dès l'entrée une bonne impression d'hygiène et de fraîcheur. A droite et à gauche des ailes de ce bâtiment, deux vastes jardins sont réservés aux malades ; dans les dessous de la face Ouest, sont établis les divers services : cuisine, buanderie, mess, bains, etc.

L'immeuble peut contenir trois cents malades ; il est placé sous la direction d'un Médecin-Chef assisté d'un Aide-Major, d'un Officier Comptable, de trois Sous-Officiers et de vingt-quatre hommes qui suffisent au service actuel.

C'est un modèle de bon goût intérieur, ses vastes et nombreuses salles, peintes et décorées artistiquement, ainsi que son aménagement et son mobilier, en font un séjour aussi agréable que peut l'être celui d'un hôpital.

En face, se trouve l'hôtel de la Subdivision, actuellement Cercle Militaire, superbe monument élevé de deux étages avec cordons, corniches, angles, portes, fenêtres, escaliers en pierres taillées.

Sur le devant, séparant l'immeuble de la rue, un parterre fleuri et ombragé, est fermé par un mur en maçonnerie surmonté d'une grille de 2 m. 50 de haut. Une vaste porte d'entrée en pierres de taille donne accès dans ce parterre.

Sur la partie arrière, un vaste jardin planté de beaux et nombreux arbres, donnent à ce bel immeuble, l'aspect d'une habitation seigneuriale. Cette construction coûta au budget, sans compter l'aide de la main-d'œuvre militaire, 225.000 fr.

Sous l'aile droite de l'Hôpital, de la Manutention et des casernes, trois immenses citernes étanches étant toujours pleines, contiennent une réserve de deux mille cent mètres cubes d'eau douce.

Il y a une vingtaine d'années, le Génie fit construire sur deux sommets montagneux, au Sud-Est et à l'Ouest de la ville et à environ 800 mètres, deux blockhaus qui rendront de signalés services en cas d'insurrection.

Toutes ces constructions ont été édifiées dans le laps de temps cité plus haut et ont coûté énormément cher ; d'après l'évaluation faite en Octobre 1872 par une Commission du Génie, elles sont estimées à 15 millions.

De 1847 à 1871, les tribus nomades des environs d'Aumale, donnèrent toujours à la France des marques d'un respect et d'un attachement au moins apparent, n'attendant peut-être que l'occasion de se révolter et de redevenir maîtresses de leur ancien pays. L'insurrection de Mokrani du printemps de 1871, nous montrera jusqu'à quel point ce calme était trompeur.

A cette époque (Février 1871), la Subdivision d'Aumale était commandée par le Lieutenant-

Colonel Trumelet, ayant sous ses ordres le Capitaine Cartairade comme Chef du bureau Arabe, deux adjoints, le Capitaine Bellot et le Lieutenant Masson, l'Interprète Guin.

La garnison se composait d'environ six cents Mobiles de la Côte d'Or et d'un escadron de Chasseurs d'Afrique, fort de 120 hommes. L'artillerie comprenait deux obusiers de 16 et 3 de montagne. Il y avait très peu d'eau en ville.

A son retour d'Alger, où il venait de se marier, le Bacch-Agha de la Medjana, El-Hadj-Mohamed Ben-el-Hadj-Mokrani, résidant près de Bordj-bou-Arréridj, s'arrêta près d'Aumale, chez l'Agha des Arib, Yayia-ben-Ferhat, où il déposa ses bagages et vint séjourner pendant trois jours chez le nommé Mohamed-ben-Abdalah, Chaouch révoqué et Conseiller Municipal indigène, qui possédait une petite campagne dans les environs d'Aumale.

Pendant son séjour, il reçut la visite de notables et de chefs indigènes, les mit au courant de ce qui se passait en France, leur fit entrevoir que le moment de s'insurger était arrivé ; après son départ pour la Medjana, les correspondances continuèrent ainsi que la propagande faite par les Mokkoddems des Rhamania, qui recrutèrent bon nombre d'affiliés, parmi les tribus des environs d'Aumale et de la Kabylie.

L'autorité militaire, avertie, ne pouvait cependant pas sévir contre Mokrani, celui-ci était devenu suspect, mais on ne possédait pas de preuves suffisantes pour l'arrêter.

Le cercle d'Aumale était partagé en deux sofs, celui de Titery et celui d'Arib. Mokrani, certain que les premiers le suivraient dans la voie de l'insurrection, mit à profit l'amitié qui l'unissait au Caïd de Tizi-Ouzou, Ali ou Kassi, et au Bach-Agha de Fort-National, pour les gagner à sa cause. Une propagande active était également faite dans la Subdivision de Médéah ; l'Est de la Subdivision d'Aumale était laissé aux soins du frère de Mokrani, Hamed-bou-Mezrag-el-Mokrani. Le cercle de Bou-Saâda et de Djelfa était sous le commandement de son beau-frère et cousin, Saïd-ben-bou-Daoud, Caïd du Hodna, il avait donc tout en mains pour mener à bonne fin son entreprise.

Plusieurs néfras eurent lieu dans les marchés environnant Aumale et Bordj-bou-Arréridj, le caravansérail de Béni-Mançour fut abandonné par son gardien Gallaud.

Le 1er Mars, ce caravansérail brûlait, et le Lieutenant-Colonel Trumelet envoyait de suite 50 Zouaves pour le remettre en état et le réoccuper, et aider à la police des environs ; il faisait également occuper par de petits postes les caravansérails d'El-Esnem, Sidi-Aïssa et de l'Oued Okriss, en les approvionnant de munitions et de vivres.

Le 15 Mars, Mokrani donna, dans une lettre au Général Augereau, sa démission de Bach-Agha, lui faisant connaître en même temps qu'il allait prendre les armes contre la République. Le 16 Mars, il attaquait Bordj-bou-Arréridj et Bou-Meszag ; le 18, le Bordj de l'Oued Okriss (1). Je vais relater le récit des faits qui se sont déroulés à l'Oued Okriss, du 18 au 24 Mars 1871, et qui m'ont été racontés avec un vif intérêt par l'honorable Mr. Rey, dit Genty (Jean), qui était, à l'époque, âgé de 21 ans et qui habitait le Bordj en compagnie de ses parents. Je lui laisse la parole :

(1) Le bordj de l'Oued-Okriss se trouve à 28 kilomètres environ et à l'Est d'Aumale. Une grande plaque en marbre placée au-dessus de la portee d'entrée, relate la création du bordj et les tristes événements qui s'y déroulèrent pendant l'insurrection.

«Un soir de la fin de Février 1871 et vers cinq «heures, le Caïd Saïdan, accompagné de son «cavalier Aïssa, firent irruption dans le caravan-«sérail, me disant: «Je viens de la part des au-«torités supérieures d'Aumale, pour t'aider à gar-«der le Bordj, Bou-Mezrag se proposant de ve-«nir le détruire». Nous restâmes ainsi cinq ou «six jours en éveil; dans les commencements «de Mars, il nous fut envoyé un petit détache-«ment (10 Zouaves et 1 Tirailleur). Comme je «parlais très bien l'arabe, les indigènes avaient «pour moi une certaine sympathie, j'étais tenu «au courant des intentions et mouvements de «Bou-Mezrag, qui avait ses tentes à l'endroit dit «Ben-Daoud, sur les limites de la province d'Al-«ger et de Constantine et à vingt-deux kilomè-«tres du Bordj. Un matin, un indigène vint me «prévenir que «les insurgés allaient prendre le «Bordj et nous couper le cou.» Porteur de ce «renseignement et accompagné du fils du Caïd «Saïdan, Mohamed-ben-Saïdan, je partis le 12 «au matin, prévenir à Aumale, le Lieutenant-«Colonel Trumelet, commandant la Subdivision, «et le mit au courant, en lui demandant de nous «envoyer au moins un renfort de dix hommes. «Le Capitaine Cartairade, du bureau Arabe, qui «assistait à cette entrevue, intervint et nous traita «de peureux; nous retournâmes au Bordj, mé-«contents de notre démarche qui n'avait pas «abouti.

«Jusqu'au mercredi 18 au soir, rien d'anor-«mal. Le jeudi à 9 h. 1/2 du matin, nous enten-«dîmes à moins de quatre cents mètres, les pre-«miers coups de feu tirés par les insurgés, con-«tre la tribu des Ouled-Salem, préposée à notre «garde. Aussitôt, les militaires, mon père et moi, «nous nous mîmes en état de défense, après «avoir fait rentrer notre troupeau. La fusillade «commença et dura jusqu'à 4 h. 1/2 du soir.

«Alors les insurgés se retirèrent, laissant un mort, «leur porte-drapeau, Ben-Tem-Tem, qu'ils ne «pouvaient enlever en raison de la proximité de «nos feux.

«Vers 5 heures, le zouave Pivert et moi, sor«tions du Bordj et nous emparions, lui, du dra«peau confectionné d'un foulard de soie verte et «jaune et attaché au bout d'un roseau, moi, du «pistolet du mort, que je conservai comme sou«venir. J'en fis cadeau plus tard au Capitaine «Girardin, qui désirait l'avoir.

«Le zouave Pivert fut proposé pour la mé«daille militaire, le zouave Lallemand, pour le «grade de caporal.

«Le zouave Ducoin qui se trouvait au bastion «où fut tué Ben-Tem-Tem, fut également pro«posé pour ce grade ; dans la nuit du 19 au 20, «un renfort envoyé d'Aumale et se composant «de 70 cavaliers du 1er Chasseurs d'Afrique et «d'un Goum à peu près d'égale force, fit dans «la nuit, une reconnaissance dans les Beni-Intha«cem. Après avoir essuyé quelques coups de «feu qui blessèrent à l'épaule gauche un maré«chal des logis de Chasseurs, un brigadier à la «cuisse droite et tuèrent la jument d'un Gou«mier, nous leur fîmes une vingtaine de vic«times. L'ennemi se retira vers le Djebel-Af«froun.

«Le 21 Mars, mon père, ma mère et moi, ainsi «que notre petit troupeau se composant de 117 «bêtes et deux bœufs de labours, quittions le «Bordj et arrivions, par mille détours, sains et «saufs à Aumale.

«Le 22, je retournai au Bordj avec la Com«pagnie des Mobiles de la Côte d'Or et les Ca«pitaines Bélot et Cachat ; nous arrivâmes à «3 h. 1/2 du matin. Le Lieutenant-Colonel Tru«melet fit prendre en personne, les dispositions «pour couper la route à Bou-Mezrag, campé «au lieu dit El-Guintra ; celui-ci, prévenu par «un des goumiers à notre service, quitta son «emplacement et vint nous attendre en pleine «forêt d'Es-Serroudj (tribu des Msellem), ayant «fait ainsi un grand mouvement tournant. Nos «troupes arrivèrent à cet endroit vers 7 heures «du matin et, sans aucune défiance ; elles furent «accueillies par une vive fusillade partant de «derrière les arbres. L'ennemi était fort de 2 à «3.000 hommes, notre colonne se composait de «800 hommes environ, goum compris, l'obusier «et 150 chevaux.

«Le premier moment de stupeur passé, nous «répondîmes par un feu vif ; après trois heures «de lutte contre ces hordes fanatiques dont le «nombre augmentait à chaque instant, le com- «bat devint de plus en plus acharné de part et «d'autres, les Mobiles durent plusieurs fois «charger à la baïonnette ; dans leur ardeur, ils «en vinrent à un corps à corps général. L'en- «nemi, serré de quatre côtés à la fois, battit en «retraite et se replia dans les ravins, où il fut «accompagné par le tir bien dirigé de l'obusier «servi par les canonniers Coquet et Ollagnier, du «3e d'artillerie, tir qui leur causa quelques pertes.

«Le Lieutenant-Colonel Trumelet fit plusieurs «fois sonner le rassemblement, et c'est avec «beaucoup de mal qu'il put se faire écouter.

«Les pertes ennemies étaient considérables : «deux cents morts, autant de blessés, ainsi «qu'un grand nombre de chevaux tués, blessés «et abandonnés.

«Malheureusement, de notre côté, nous avions «à déplorer la mort de seize hommes et d'un «officier. Ce dernier fut trouvé les mains cou- «pées, le lendemain, dans un épais fourré, par «les Mokhanis envoyés à sa recherche, ainsi que «les corps de 9 Mobiles complètement nus. Cette «nouvelle mit la tristesse dans nos rangs, et ce «n'est que grâce au sang-froid des officiers, re- «tenant leurs hommes qui voulaient à toute force «venger leurs camarades, que ceux-ci furent em- «pêchés de se lancer spontanément sur les tra- «ces de l'ennemi, dans une poursuite qui eut été «sans doute très dangereuse.»

Ci-dessous les noms des victimes :

Bélot, Charles-Constant-Gustave, capitaine au 18e régiment de ligne, adjoint au bureau arabe d'Aumale, né à Besançon (Doubs), 31 ans.

Moppert, Ernest, n à Beauéne, 30 ans.

Blanchard, François, né à Dernand, 21 ans.

Deschamps, Pierre, caporal au 2e bataillon, né à Marcheseuil, 29 ans.

Michot, Pierre, né à Rouchery, 21 ans.

Pernot, Jacques, né à Liernais, 24 ans.

Loranchet, Philibert, né à Nuits, 34 ans.

Loranchet Claude, né à Nuits, 31 ans

Mallard, Symphorien, né à Nuits, 24 ans.

Buffenoir, Jacques, né à Nuits, 24 ans.

Fournier, Pierre, né à Boncourt, 31 ans.

Fromentin, Nicolas, né à Noiron-les-Citeaux, 32 ans.

Célogny, Marcel, né à Mâcon, 27 ans.

Compain, Joseph-Claude, né à Cirey, 21 ans.

Changarnier, Lazare, né à Nolay, 30 ans.

Duchemin, François, né à Cirey, 32 ans.

Manlay, Jean-Baptiste, né à Larochepot, 30 ans.

Tous gardes-nationaux, victimes glorieuses du combat d'Es-Serroudj, le 23 Mars 1871.

D'imposantes funérailles leur furent faites le 25 Mars, les honneurs militaires leur furent rendus, et un grand concours de population suivit le cortège. Leurs corps reposent au Cimetière d'Aumale, où un monument commémoratif portant leurs noms, a été élevé par leurs camarades.

La colonne, après avoir ramassé une partie de ses morts, se dirigea sur Aumale où elle arriva le même jour à 5 h. 1/2 du soir.

Le 24 au matin, quelques insurgés se montraient aux alentours du Bordj ; prendre les armes ne fut l'affaire que d'un instant.

Un Tirailleur, en décrochant maladroitement son fusil fit partir le coup, atteignant en pleine poitrine le Zouave Pivert, qui mourut dans nos bras un quart d'heure après ; son corps fut enterré par nos soins près du Bordj, les arabes le déterrèrent nuitamment, lui coupèrent le cou et firent un trophée de sa tête.

Lallemand et sa petite troupe quittèrent le Bordj vers le milieu de la nuit, après avoir épuisé tous leurs approvisionnements et arrivèrent le lendemain vers deux heures de l'après-midi à Aumale.

Après leur départ, le Bordj fut incendié par les insurgés ; il fut plus tard reconstruit à leurs frais. Une plaque de marbre placée à l'entrée, relate ces événements.

Pendant ce temps, le 22, éclatait à Aumale une néfag (insurrection), qui ne fit aucune victime européenne ; seuls, les commerçants Mozabites et Israëlites furent malmenés ; elle n'eut pas de conséquences plus graves, grâce à l'attitude énergique de la population qui, en quelques instants, aidée par les Pompiers et quelques Mobiles, déblayèrent la ville.

Les colons étaient entrés se mettre à l'abri des remparts, sauf un nommé Veillon (ferme Bordier), qui fut lâchement assassiné ainsi que sa femme ; seule, une enfant de trois ans, échappa en se cachant, à une mort certaine. Trois jours après seulement, on apprenait le drame, et la fillette en faisait le triste récit ; elle est en France, mariée à un cultivateur.

Autour d'Aumale, la situation devenait de plus en plus inquiétante, les fermes abandonnées par les colons étaient pillées et incendiées.

Le Lieutenant-Colonel Trumelet, certain de l'infidélité des Caïds des environs d'Aumale qui, au nombre de douze, avaient reçu de la part de Bou-Mezrag des lettres les engageant à la rebellion contre les autorités, les fit arrêter ainsi que l'Agha des Arib, Yayia ben Ferhat, son frère Mohamed-ben-Chennaf, Caïd des Beni - Amar. Quelques jours après, c'était le tour du Caïd d'Aïn-Bessem, Si Hamed-ben-Kouider.

Le 28 Mars, Aumale recevait comme renfort 300 Zouaves et Tirailleurs, 4 escadrons des 1er 9e Chasseurs d'Afrique, 59 hommes et 1 officier d'Artillerie, 18 hommes, 5 officiers du Train, soit en tout 30 officiers, 720 hommes, caporaux, brigadiers et sous-officiers, 463 chevaux et mulets.

Le 31 Mars, Bou-Mezrag était signalé à Téniet-Ouled-Daoud, à l'Est d'Aumale, entre le Bordj de Bouïra et El-Esnam, point de convocation assigné dans ses lettres aux Caïds ; celles qu'ils avaient écrites à Si-Bouzid, Agha de Bouïra et au Caïd des Ouled-Bellel, furent remises par leurs destinataires au Commandant.

Le 6, quelques coups de feu étaient tirés sur le caravansérail d'El-Esnam, qui était peu approvisionné en vivres et en munitions.

Le Lieutenant-Colonel Trumelet prévenu, envoyait aussitôt d'Aumale, le 6 à 9 heures du soir, un goum de 150 chevaux commandés par l'interprète Guin et le Sous-Lieutenant de Spahis El-Issère, pour protéger le convoi de vivres et de munitions destiné aux Bordjs de Bouïra et d'El-Esnam. Ce goum surprit un poste ennemi près d'El-Esnam, lui tua cinq hommes et en blessa sept.

Le 7, un nouveau convoi de vivres à destination d'El-Esnam, qui était dépourvu d'eau et se composant de 50 cavaliers, fut organisé ; ces derniers, apprenant que les insurgés entouraient le Bordj, s'arrêtèrent à Bouïra, où ils déposèrent leurs vivres.

Le Lieutenant-Colonel Trumelet décida une seconde expédition qui partit le 9 Avril, forte d'un goum de 400 cavaliers, sous le commandement du Capitaine Cartairade, du bureau Arabe, deux escadrons du 1er Chasseurs d'Afrique et d'une section d'ambulance, sous le commandement du Capitaine Ulrich, du 1er Chasseurs. Ces forces quittèrent Aumale vers 2 heures de l'après-midi et arrivèrent sans encombre à Bouïra, à 9 heures du soir. Elles repartirent le lendemain matin à 7 heures pour El-Esnam, emmenant avec elles le convoi du 8 resté à Bouïra.

Elles arrivèrent vers 9 heures dans la plaine d'El-Betta, où un contingent ennemi, fort de 6 à 700 cavaliers de Bou-Mezrag franchit l'Oued Zaïan et nous attaqua avec furie. Après un combat de deux heures, livré en partie dans les broussailles et les touffes de lentisques, nous constatâmes malheureusement la mort du maréchal des logis Castaing du 9e Chasseurs, du Sous-Lieutenant Nicolas du 1er Chasseurs, nous avions huit blessés.

Le goum avait deux cavaliers blessés, en tout 6 chevaux tués, 3 blessés ; 55 fusils furent pris à l'ennemi.

Quant aux insurgés, leurs pertes étaient élevées : 90 tués environ et un grand nombre de blessés.

Après avoir approvisionné le Bordj et laissé prendre à la source distante de 150 mètres, l'eau nécessaire, la colonne se dirigea sur Aumale, où elle effectua son entrée le 11 à 4 heures du soir, sans autre incident.

Le Général Cérez qui, à la tête de la colonne qui a conservé son nom, vint prendre la direction des opérations de notre région, n'était pas un inconnu pour les Algériens. Il avait été pendant deux ans premier adjoint à la direction des Affaires Indigènes d'Oran ; au moment de la guerre, il était Commandant Supérieur du Cercle de Laghouat.

Sa colonne fut organisée à Alger, le départ eut lieu le 9 Avril, elle arriva à Aumale le 15 à 9 heures du matin, avec un effectif de 3.420 hommes, officiers compris, mais l'effectif à la date du 20, ne fut plus que de 2.784 hommes, 164 officiers, 875 chevaux, 4 pièces rayées de montagne, en raison du départ des hommes appartenant aux territoires annexés par l'Allemagne (1).

Tous les chefs indigènes nommés plus haut furent relâchés et suivirent tous les mouvements de la colonne ; seul, Yayia-ben-Farhat, Agha des Arib, qui continuait à donner des marques de duplicité, ne fut pas relâché. Il tenta de s'évader dans les premiers jours d'Avril, un cheval tout sellé l'attendait dans un fondouck. Le Commandant, prévenu, put déjouer cette tentative qui, si elle avait réussi, aurait pu avoir des conséquences graves, les Arib en insurrection n'attendant que l'arrivée de leur chef.

Les goums et les tribus du Nord au Sud et de l'Ouest, nous servirent avec fidélité ; seules, les tribus de l'Est, les Ouled-Msellem, Beni-Intacem, Ouled-Salem et Béni-Amar, suivirent le mouvement insurrectionnel sous l'influence de Bou-Mezrag.

Le dimanche 16 Avril, eurent lieu sur le marché des Sen-Hadja (environs de Palestro) et le mercredi 19, sur le marché de l'Arba des Béni-Kholfoun (également près de Palestro), une réunion des chefs et meneurs favorables à l'insurrection ; c'est dans cette dernière réunion que

(1) A partir du 15 avril, l'effectif des troupes de la division d'Alger tomba à 16.000 hommes environ.

fut décidée l'attaque du village de Palestro, qui eut lieu le 20 Avril et qui dura quarante-huit heures, après lesquelles l'aspect de la ville était lamentables ; toutes les maisons en partie détruites, les objets, meubles, etc., jetés pêle-mêle à terre. Détail navrant : 46 victimes gisaient sans vie, tandis que d'autres disparurent sans que l'on n'ait jamais retrouvé leurs traces.

Le Colonel Fourchault, qui dégagea Palestro, fit creuser sur la place et près de l'Eglise, une immense fosse où furent inhumées ces malheureuses victimes. Un imposant monument commémoratif a été élevé depuis à cet endroit.

Le partage du butin fait à Palestro eut lieu le 22. Les tribus insurgées d'Aumale ainsi que celles de Palestro se portèrent vers Dra-el-Mizan, détruisant tout sur leur chemin, fermes, maisons cantonnières, lignes télégraphiques, etc.

La colonne se dirigea alors vers l'Alma (1), où elle livra un important combat à la suite duquel une vingtaine de prisonniers furent passés par les armes.

Bou-Mezrag, à la tête d'un contingent fort de 2.000 hommes, se dirigeait sur El-Esnam et faisait investir le Bordj de Béni-Mançour.

Le Général Cérez, avec un fort convoi se porta à sa rencontre. Le choc eut lieu le 20 à midi 1/2, dans les environs du bivouac, au col des Ouled-Daoud (forêt du Kséna). Le feu très meurtrier dura jusqu'à deux heures et se termina par une brillante charge dirigée par le Colonel Goursaud ; le goum, sous le commandement du Capitaine Cartairade, se montra très énergique. A la fin de l'affaire, le nombre des morts de l'ennemi se chiffrait par plus de 300 et 400 fusils, pistolets et sabres, furent ramassés sur le terrain.

De notre côté, nous comptions 2 tués, 13 bles-

(1) Boudouaou, en arabe.

sés ; le goum comptait 1 tué, 1 blessé, 3 chevaux blessés et 1 tué.

La colonne quittait son bivouac le 19 à 6 heures du matin, après avoir fait une ample razzia d'orge dans les silos des Ouled-M'sellem et après avoir obtenu la soumission des tribus des Béni-Illmam. Elle se détourna de son chemin, pour détruire le Bordj qui était l'habitation de Bou-Mezrag, mais elle fut reçue à coups de fusil par des groupes de cavaliers, 250 environ, sous les ordres de Bou-Mezrag lui-même ; nous eûmes vite raison de cette attaque, les cavaliers laissant quelques blessés, se dispersèrent ; le Bordj fut détruit et incendié.

Le 23, la colonne campait à l'Oued-Okriss, où elle trouvait le caravansérail abandonné et détruit.

Le 25, elle rentrait à Aumale, à 9 heures du matin. Le 26, le Général Cérez partait par la traverse de la Baraque pour débloquer Bouïra et Béni-Mançour. En arrivant, il apprenait que quelques tribus demandaient l'aman.

Le 28, personne ne s'était présenté au camp, le Général, avec un effectif de 1.800 fantassins et cavaliers, livrait, à 8 kilomètres de Bouïra, un important combat, à l'endroit dit Dra-oum-Errik, sur les contreforts du Djurdjura. L'ennemi comptait environ trois mille hommes ; après 35 minutes de lutte, il était délogé de ses positions à la baïonnette et fuyait, laissant un grand nombre de morts, les villages indigènes environnants furent incendiés.

Le 27, le Capitaine Cartairade, resté à Aumale, fit une reconnaissance avec 60 cavaliers, au camp de Téniet-Ouled-Daoud, où il se trouva en présence d'un ennemi vingt fois plus fort ; il crut plus prudent de ne pas attaquer et se replia sur Aumale.

Le 3 Mai, la colonne Cérez quittait Ben-Haroum et prit la vallée de l'Oued-Soufflat, où un fort contingent commandé par Mokrani en personne, était signalé.

Le 4 au soir, l'ennemi fort de 8 à 10.000 hommes était aperçu aux environs de l'Oued-Rekham, affluent de l'Oued-Djemma, où le Chef campait. Une partie de ces bandes était bien armée, le reste ne l'était que de bâtons, couteaux et autres armes de ce genre.

Malgré une forte nuit de pluie, l'ennemi ne cessa de nous harceler par des coups de feu qui ne portaient pas, mais qui maintenaient cavalerie et infanterie sur le qui-vive jusqu'à une heure du matin, moment où tout rentra à peu près dans le calme.

Deux heures après, la colonne, sans bruit, levait le camp et s'engageait sur la route qui remonte l'Oued-Soufflat ; elle était encore à peu de distance de ce dernier, quand les soldats d'arrière-garde remarquèrent un grand nombre de cavaliers qui les suivaient ; quelques coups de feu bien dirigés les mirent en déroute.

En apercevant plus loin, sur les hauteurs qui séparent l'Oued Soufflat de l'Isser, un goum de 300 à 400 cavaliers, au centre duquel flottait un étendard que les indigènes pétendaient être celui de Mokrani ; après avoir été aperçu il disparaissait, la colonne continuait sa marche en avant, marche meurtrière paralysée par la mauvaise configuration du terrain ; elle cheminait ainsi que la cavalerie laissée en arrière-garde par un labyrinthe de couloirs et de chemins à travers les rochers et les bois.

Après huit heures de cette marche pénible, ayant à répondre aux coups répétés d'un ennemi dix fois plus nombreux qu'elle, et après avoir franchi 10 kilomètres seulement, la colonne crut pouvoir prendre un repos mérité au Bordj de Bel-Kherroub. Elle n'était plus que de 1.200 hommes, ce n'est que grâce à l'endurance et au sang-froid des troupes, que l'ennemi fut toujours tenu en échec.

Le Général ne se doutait pas alors du coup terrible que nos armes venaient de porter à l'insurrection : le Bach-Agha Mokrani était mort !

Vers une heure de l'après-midi, au plus chaud de l'action, on avait bien aperçu un grand mouvement parmi les masses ennemies éparpillées sur les tentes qui dominent l'Oued-Soufflat. Voici ce qui venait d'arriver, d'après le journal officiel de cette époque qui relate ces événements :

«Sur la rive gauche de l'Oued-Soufflat et à «trois kilomètres environ du Bordj d'El-Kher«roub, existe un mamelon de très difficile accès «qui surplombe de cent mètres le lit du fleuve.

«Le Bach-Agha Mokrani, pour mieux se ren«dre compte de la position de nos troupes, avait «gravi à cheval ce mamelon, suivi de quelques «fidèles. Arrivé au faîte, il mit pied à terre pour «être moins en butte aux coups de feu de nos «tireurs.

«En face, à 700 mètres, sur la Koudiat-el-«Mesdour, se trouvaient deux compagnies du 4e «Zouaves, qui effectuaient des tirs de peloton «sur un parti de rebelles ; tout-à-coup, Mokrani «se prosterne la face contre terre, comme tout «bon musulman, il tombe en prononçant la fa«meuse profession de foi : « La Ila Ila Allah. «Dieu est Dieu et Mohamed son Prophète», il «avait le front percé d'une balle ; ses fidèles «crurent un instant qu'il priait, mais furent vite «édifiés sur son sort ; son corps fut enlevé et «fut inhumé dans la sépulture de sa famille, «à la Kalâa des Béni-Abbès. Sa mort fut tenue «cachée pendant deux jours ; la nouvelle enfin «connue, ébranla la croyance des musulmans «dans le succès de l'insurrection que l'on pût «désormais considérer comme vaincue».

Dans cette journée, il avait été tiré plus de cinquante mille cartouches et 6 ou 700 rebelles furent tués. De notre côté, nous eûmes 15 blessés et 2 tués.

Malheureusement, l'insurrection n'était pas partout apaisée. La journée du lendemain 6 fut occupée à razzier et à brûler les tribus et villages des Ouled-Sidi-Salem, le reste de la journée à un repos bien gagné.

La route d'Alger à Aumale fut mise sous la protection des Caïds, et les affaires reprirent peu à peu. Jusqu'au 14, les opérations se continuèrent.

Le Général Cérez, après avoir soumis les tribus environnant Palestro et reçu des otages, se mit en route vers Aumale, le 14 Mai à 5 heures du matin, et arriva après de nombreuses fatigues au Camp-des-Frênes, le 15 à 10 h. 1/2, accompagné de quelques colons de Palestro qui avait échappé au massacre et que leurs camarades venaient embrasser.

La colonne Lallemand rentrait à Aumale le 16 Mai sans incident, et après avoir pris du repos, continuait ses opérations.

Les événements autour d'Aumale étant presque terminés, je ne suivrai pas dans leurs évolutions les colonnes Cérez, Lallemand, Trumelet, Fourchault.

La colonne du Général Lallemand arriva à Alger le 2 Août, avec un effectif de 2.200 hommes, 115 officiers, 50 chevaux et s'embarqua pour France.

La colonne du Lieutenant-Colonel Trumelet vint la remplacer à Aumale, accompagnant à Bou-Saâda un fort convoi de vivres et de munitions composé de 900 chameaux et de 500 mulets. Cette colonne fut fondue dans celle du Général Cérez, arrivée à Aumale le 20 Août. Quelques-uns de ses éléments regagnèrent leurs garnisons, le Général Cérez fut maintenu à Aumale comme commandant les troupes et le Lieutenant-Colonel Trumelet comme commandant des garnisons d'Aumale et de Béni-Mançour.

La Subdivision d'Aumale était à peu près pacifiée dans la première quinzaine d'Octobre.

Par arrêté du 7 Septembre 1871, la levée de l'état de siège était ordonnée pour toute l'Algérie.

Le 24 Octobre, la Subdivision d'Aumale était supprimée et relevait directement de celle d'Alger.

Le 19 Février 1874, la partie occidentale du Cercle de Bou-Saâda, qui faisait partie de la Subdivision de Sétif, fut rattachée à celle d'Aumale.

Le 13 Mars 1875, la circonscription militaire était érigée en Subdivision, et le 3 Juillet 1887, elle était supprimée par décret et rattachée à celle de Médéah.

Quant au fameux Hamed El-Mokrani, Bou-Mezrag, il fut fait prisonnier au combat de Rouissat (1). Jugé, condamné à mort le 26 Mars 1873 par la Cour d'Assises de Constantine. Sa peine fut commuée en celle des travaux forcés à perpétuité, et il fut dirigé sur la Nouvelle Calédonie. Grâcié en 1882, par mesure de reconnaissance pour la part active qu'il prenait en combattant avec les troupes Françaises, les Canaques révoltés dans l'île, obtenait enfin, en 1904, l'autorisation de revoir le sol natal. Vieilli et fatigué, il mourrait le 11 juillet 1905 à Orléansville, au sein de sa famille où il s'était retiré. Son corps repose au Cimetière Musulman du Hamma (Al-

(1) Extrême-sud algérien, près Ouarghla (20 janvier 1872).

ger), à flanc de montagne et non loin de la fameuse Grotte de Cervantès, dans la Koubba de Sidi Abderrahmann Bou-Quobrïn.

Après la soumission des tribus insurgées, celles d'Aumale payèrent à elles seules, comme contributions de guerre, 668.000 francs, et avec celles de l'annexe des Beni-Mançour, 1.230.000 francs.

L'ensemble des impositions de guerre pour l'insurrection a donné pour toute l'Algérie, un total de 8 millions en espèces, et 43 millions pour le rachat des terres confisquées.

APERCU ADMINISTRATIF

Dès sa fondation, Aumale fut le siège d'un bureau arabe dont la circonscription était à peu de chose près, celle des deux communes d'aujourd'hui.

Par décret du 13 Octobre 1858, un Commissaire civil faisant fonction de maire, fut institué à Aumale. Cette fonction fut remplie jusqu'en Décembre 1864, par M. Perreneaud.

A la mort de celui-ci, un adjoint délégué en remplit les fonctions jusqu'au 2 Juin 1865, où il fut remplacé par M. Gagé, qui les conserva jusqu'à leur suppression en 1871.

A cette époque fut créée la commune de plein exercice, et depuis, les fonctions municipales ont été remplies successivement par les titulaires suivants :

PERRENEAUD, commissaire civil, maire, 1er janvier 1860 à avril 1864 (décédé 18 octobre 1864).

GAGE, commissaire civil, maire, 2 juin 1865 au 27 mai 1870.

GERMAIN, maire, octobre 1870 au 12 septembre 1871.

FOURNIER, maire, 15 février 1872 au 11 mars 1874.

ROCHE, maire, 4 avril 1874 au 2 mars 1878.

SAPOR, Eloi, faisant fonctions de maire, du 29 août 1879 au 25 septembre 1879.

ROBERT, Achille, maire, 25 novembre 1879 au 24 février 1881.

SAPOR, Eloi, faisant fonctions de maire, du 24 février 1881 à juin 1881.

SAPOR, maire, juin 1881 à mai 1892.

DELEGATION SPECIALE

CHAILLAN, Antonin, président, 20 juin 1892 au 10 juillet 1892.

CHAILLAN, maire, 22 août 1892 au 6 mars 1899.

GARDEL, faisant fonctions de maire jusqu'au 30 mars 1899.

TERRAYL, Henri, maire, 23 mai 1899 au 24 mars 1900.

ARENE, Ferdinand, mai 1900 à mai 1902.

GIOVANNONI, Ange-Marie, mai 1902 au 1er octobre 1906.

DELEGATION SPECIALE

VOLLHARDT, président, 19 octobre 1906 au 26 décembre 1906.

VOLLHARDT, Philippe-Jean, maire, janvier 1907 et continue.

Comme tous les centres heureux, la commune d'Aumale n'a, depuis cette époque, pas d'histoire, si l'on en excepte l'affaire Sapor (Mai 1892), qui a eu un retentissement très considérable.

La ville possède divers immeubles importants : l'Hôtel-de-Ville, élevé de deux étages avec une façade en pierres de taille sculptées et qui abrite la Justice de Paix, le Greffe et le Commissariat. L'Eglise, dont les grosses œuvres sont également en pierres de taille, construction terminée depuis sept ans seulement et qui fait un bel effet sur la Place Thiers.

Deux halles en fer rendent au commerce de signalés services ; celle du haut de la ville est fréquentée par les maraîchers, celle du bas, beaucoup plus grandiose, est le rendez-vous des colons et des indigènes qui y écoulent leurs produits, surtout le dimanche, jour de marché.

Dans les dessous de cette dernière ont été ménagés dix vastes magasins toujours loués. Le produit de ces halles, des marchés et de l'abattoir sont pour la ville une source de beaux revenus. Son budget, tant primitif que supplémentaire, se chiffre par un total de 170.000 francs par an.

Quatre groupes d'écoles sont fréquentées par 415 élèves tant de la ville que de la banlieue.

1er Groupe. — Ecole de garçons : Cent quarante-cinq élèves, trois classes primaires, un cours supplémentaire de quatorze élèves. Un directeur, trois adjoints.

2e Groupe. — Ecole de filles : Cent-quinze élèves, trois classes primaires, un cours supplémentaire de quatorze élèves. Une directrice, trois adjointes.

3e Groupe. — Ecole Maternelle : deux classes, soixante-dix élèves. Deux institutrices.

4e Groupe. — Ecole de garçons indigènes : deux classes, quatre-vingt-dix élèves. Un directeur, un adjoint indigène.

Toutes ces constructions sont vastes et bien comprises avec un matériel *ad hoc*.

Lorsqu'on entre en ville par la porte du Nord ou d'Alger, on est agréablement impressionné par la vue de deux belles constructions : à droite, l'Ecole indigène ou Médersa ; à gauche, la Mosquée ou Djemaâ, toutes deux d'un élégant style mauresque.

Au centre de la ville, la Place Thiers avec sa colonne supportant le buste de la République, flanqué à droite et à gauche de beaux bâtiments particuliers se faisant face ; à l'Est, par l'Eglise et à l'Ouest, par le gracieux Square Carnot éclairé au gaz, entouré d'un socle en maçonnerie, surmonté d'une grille et dont le centre est occupé par un bassin en pierres de taille avec jet d'eau. C'est pour la population un lieu attrayant où l'on vient respirer un air plus frais dû aux nombreuses variétés d'arbres qui y produisent un ombrage recherché. En été, les comités y donnent leurs fêtes.

Toutes ces constructions ont coûté à la ville environ 550.000 francs, sans compter les conduites d'eau qui reviennent énormément cher, tant d'établissement que d'entretien.

L'hôtel des Postes, la Gendarmerie, la Prison civile et bon nombre de constructions particulières, aident au bel aspect de notre petite cité.

Formant une ligne de démarcation entre les constructions civiles et militaires, s'étend l'Esplanade d'Isly, qui est divisée en deux places.

Portant un vif intérêt à l'archéologie, le Colonel Fix, alors qu'il commandait la Subdivision de 1885-1886, recueillit et fit transporter par la main-d'œuvre militaire sur un de ces deux emplacements, tous les monuments anciens épars dans la ville et ceux en dépôt aux bureaux du Génie et dans les environs. Ils y furent rangés avec goût, ce qui donne à cette place ombragée l'aspect d'une nécropole antique.

Aujourd'hui, la ville a fait entrer une partie de ces monuments dans le pavillon de l'angle du Cercle, dépendance cédée à la ville pour la création d'un Musée. Il est regrettable que l'initiative de cette fondation n'ait pas été prise plus tôt ; car la plupart des documents ont été abandonnés ou détruits pendant la construction de la ville.

Celle-ci a à peu près la forme d'un vaste rectangle partagé en deux par la voie principale, Rue Grande. Parallèlement à cette voie, à l'Est, la rue des Zouaves, à l'Ouest, la rue de l'Hôpital. Un chemin contourne les fortifications intérieurement. Plusieurs rues transversales coupent à égale distance ce rectangle jusqu'aux murs d'enceinte. Plusieurs rues et places portent en commémoration des noms anciens : rue Juba et rue Cléopâtre (anciens rois et reines de Mauritanie), rue Narsès et Bélisaire, tous deux généraux en Afrique, sous Justinien Ier, l'an 565. ap. J.-C. La rue Combes, celle des Zouaves, celle des

Chasseurs, la Place Denfert-Rochereau, la Place Thiers et enfin l'Esplanade d'Isly, rappellent les gloires de notre chère patrie.

Aumale possède divers terrains communaux ; la superficie de la commune de plein exercice est de quatorze mille hectares de terres et labours, pacages, forêts, sillonnés par deux cent-vingt kilomètres de chemins ruraux et vicinaux.

Le commerce et l'industrie sont largement représentés dans toutes leurs branches, on trouve facilement à s'y approvisionner.

Les services de transport entre Alger, Aumale et Bou-Saâda sont nombreux et assurent quotidiennement le service des dépêches et des voyageurs :

1o d'Alger à Aumale, par Tablat, 125 kilomètres ; de Bou-Saâda à Aumale, 125 kilomètres ; d'Aumale à Alger par Bouïra, 170 ; d'Aumale à Berrouaghia par Masqueray, 88 kil. 300. Il reste trois ouvrages d'art à terminer pour que cette dernière route devienne carrossable de bout en bout. Le service du camionnage est également assuré d'une façon sérieuse.

Les administrations sont nombreuses :

1o *Commune de plein exercice*

Le maire, l'adjoint, quinze conseillers.

2o *Commune mixte*

L'administrateur, deux adjoints, un secrétaire-adjoint, un secrétaire de l'état-civil indigène, un interprète indigène, un architecte, 8 cavaliers, 15 caïds, 16 garde-champêtres, 16 khodjas de douar, 91 cheikhs de fraction.

Mairie

Un secrétaire, un secrétaire-adjoint, un architecte, un khodja, un tambour de ville, deux gardes-champêtres français, deux indigènes.

Police

Un commissaire, un inspecteur, un brigadier, un agent, un service spéciale de garde de nuit.

Justice

Un juge de paix, un juge suppléant non rétribué, un interprète, un interprète auxiliaire.

Greffe

Un greffier, un commis-greffier, un commis particulier, un notaire, un clerc, un huissier, un clerc d'huissier.

Prison Civile

Un gardien-chef.

Gendarmerie

Deux brigades à cheval.

Une subdivision de sapeurs-pompiers se composant de:

Un lieutenant, un sous-officier, un sergeent-major, deux caporaux, trente hommes.

Une Société Philarmonique.

Contributions diverses et Recette municipale

Un receveur, un commis de première classe, un porteur de contraintes, un commis particulier.

Contributions Directes

Un répartiteur.

Enregistrement

Un receveur.

Ponts-et-Chaussées

Un conducteur, un chef-cantonnier, 8 cantonniers.

Voirie Départementale

Un agent-voyer, un chef-cantonnier, 2 cantonniers.

Médecins civils

Deux, dont un de colonisation.

Vétérinaire

Un.

Postes

Un receveur, 8 employés, 5 facteurs titulaires, 3 auxiliaires. Un service téléphonique est installé pour communiquer sur Alger et Sidi-Aïssa.

Cultes

Culte catholique, un curé — Culte musulman, un muphti — Culte israélite, un rabin — Culte protestant, néant.

Justice Musulmane

Un cadi, 3 bach adels, 4 adels, 3 aouns.

Nous possédons également une succursale du Crédit Foncier et une de la Compagnie Algérienne, un correspondant du Crédit Agricole, Commercial et Industriel Algérien et de la Banque d'Algérie.

Le siège de la Commune Mixte est installé depuis sa fondation (1881), dans un immeuble digne de cette administration. La superficie de cette commune est d'environ 180.000 hectares de terres propres à la culture des céréales. Les bois et les forêts y sont nombreux et étendus. Sa population est de 43.000 indigènes et est divisée en 16 douars. 120 kilomètres de chemins ruraux desservent ces douars, d'autres sont à l'état d'étude. Huit fontaines-abreuvoirs sont d'une grande utilité et sont très appréciées des indigènes ; quatre autres sources seront bientôt captées. Quatre importants marchés : Mamora et Souaghi, le vendredi ; Msellem, le jeudi ; Sour Djouab, le mardi, attirent une foule d'indigènes. Une bergerie et une école indigène sont créées dans les Ouled-Bouarif (Dechmia).

Une infirmerie indigène est installée à Aumale dans les locaux transformés de l'ancienne Mosquée. La Pépinière cédée par la commune de plein exercice est entretenue avec un soin tout particulier.

L'ensemble de la ville et de ses environs, vu des hauteurs voisines, donne, surtout l'été, une agréable impression de verdure.

Aux environs, les promenades étant assez rares, la Cascade, la Pépinière, la Fontaine du Docteur (ancien bivouac de troupes pendant l'été), sont des environs agréables et recherchés.

Formant un rideau de verdure, la forêt du Ksénah à l'Est, est peu éloignée ; c'est également un rendez-vous de promenade en voiture. Sa superficie est de 60.000 hectares environ, plantés de chênes, peu de sapins, de pins surtout. Elle est sous la surveillance de treize gardes, trois brigadiers, un inspecteur, un conservateur. La Chefferie d'Aumale est supprimée depuis cinq ans et transférée à Bouïra.

Les fermes environnant Aumale sont nombreuses et bien tenues, les céréales y sont d'un bon rendement et sont très appréciées sur les marchés algériens. La région peut produire en bonne année environ 35.000 quintaux de céréales pour la commune de plein exercice seulement. L'élevage du cheval y est pratiqué avec succès, deux fois par an, un comité, de primes et d'achats, vient nous visiter, également, tous les ans au printemps, un détachement de remonte, commandé par un sous-officier et monté de dix beaux étalons, séjourne environ deux mois pour la saillie, à la grande satisfaction des éleveurs Européens et Indigènes.

Dans les environs, les indigènes exportent l'alfa qui est pour eux d'un grand secours. La contrée est pauvre en minerais ; des traces de lignite, de houille, de nickel, de phosphates ont été relevées sans mériter exploitation. Par contre, la roche calcaire, les carrières de plâtre rouge et blanc y abondent ; on y fait de très bonne chaux grasse et hydraulique. Des grottes de guano sont connues dans le Dirah, mais ne sont pas exploitées.

L'eau est assez rare, la perforation d'un puits artésien serait coûteuse, mais comblerait certainement une lacune qui est pour la ville, en cas d'insurrection, une question vitale, et dès maintenant une nécessité et une question d'hygiène.

Quelques villages ont été créés autour d'Aumale : Aïn-Bessem (en arabe «Source Souriante», créé en 1879), distant de 21 kilomètres ; marché le vendredi, village agréable. A cheval sur la route d'Aumale à Bouïra, la vigne y est cultivée de préférence, d'importantes caves y sont construites, le vin en est très apprécié. Entre ce dernier centre et Aumale, on rencontre le village des Trembles, 10 feux.

Sur la route d'Alger, à 21 kilomètres, le centre de Bir-Rabalou, créé le 29 Juillet 1858. Quelques colons ont fait valoir ce pays dénudé ; aujourd'hui, d'importantes fermes sont créées, les céréales en sont recherchées, l'élevage du mouton y réussit.

Vers le Sud et à 33 kilomètres, le village de Sidi-Aïssa, érigé depuis peu d'années en commune mixte, est un centre intéressant par son commerce et ses nouvelles constructions. L'élevage du mouton y domine, celui de la race chevaline est prospère, les céréales sont abondantes dans les années pluvieuses.

Vers l'Ouest, sur la route de Berrouaghia, on rencontre à 28 kilomètres le nouveau village de Masqueray, ancien Rapidi des Romains (1), centre venant d'être créé ; 700 hectares de bonne terre en dépendant, dont 12 concessions de 50 à 70 hectares, terres bonnes pour céréales ; pour le moment, ce village n'a d'intéressant, que les ruines Romaines qui en sont proches.

(1) Historique fait par M. Masqueray.

En tant que garnison, Aumale, il y a vingt ans seulement, comptait un Bataillon d'Infanterie (Zouaves, Tirailleurs, Infanterie de Ligne) 2 escadrons de cavalerie (Spahis ou Chasseurs d'Afrique), une section d'Artillerie, et était le siège depuis plus de quarante ans, de la portion centrale de la 4e Compagnie de Discipline. Peu à peu, le calme qui règne en Kabylie et dans le Sud, a fait diminuer l'effectif de la garnison, le Bataillon d'Infanterie fut pendant quelque temps remplacé par une Compagnie du 2e Bataillon d'Afrique qui, elle-même a été retirée.

Les événements qui viennent de se passer au Maroc, en enlevant à notre petite cité ses escadrons de Chasseurs et de Spahis, ont réduit notre garnison à la seule 4e Compagnie de Discipline (une centaine d'hommes, cadre compris), à un peloton de Tirailleurs (une cinquantaine d'hommes destinés à garder les Disciplinaires) et à un détachement de soldats d'administration (infirmiers et secrétaires).

Espérons que l'apaisement de la question marocaine, permettra bientôt de nous rendre les troupes qui étaient pour notre ville, à la fois une sauvegarde et une source de prospérité.

GÉOGRAPHIE PHYSIQUE

La superficie de la commune de plein exercice d'Aumale est de 16.192 hectares, celle de la commune mixte de 17.822 hectares.

La commune de plein exercice s'étend dans un rayon d'environ huit kilomètres autour du centre d'Aumale. Elle est bornée au Nord et à l'Est, par la commune mixte d'Aïn-Bessem ; au Sud et à l'Ouest, par la commune mixte d'Aumale. Cette dernière a la forme d'un rectangle allongé s'étendant depuis la frontière du département de Constantine à l'Est, par l'Oued Tirga et ses affluents, et la commune de Berouaghia à l'Ouest, avec laquelle l'Oued Kherza lui sert de limites pendant une dizaine de kilomètres.

La largeur moyenne du rectangle du Nord au Sud est de 20 kilomètres, les communes limitrophes sont : au Nord, celles de Tablat, de Bir-Rabalou, d'Aïn-Bessem et de Maillot ; au Sud, celles d'Aïn-Boucif et de Sidi-Aïssa.

GÉOLOGIE

Aumale est bâtie sur de la roche miocène (tertiaire moyen) dans sa partie basse (moitié Nord de la ville) et sur des terrains variés secondaires et tertiaires, avec structure complexe dans sa partie haute (moitié Sud).

La chaîne montagneuse qui sépare au Nord la dépression d'Aumale, de la plaine des Béni-Sliman et des Arib, est uniquement composée de crétacé inférieur.

La dépression suivie de l'Ouest à l'Est par les routes de Souaghi, de Berrouaghia et de l'Oued-Okriss, ne montre à peu près que du crétacé supérieur avec fréquence de trias gypseux.

Les grandes montagnes du Sud (Djebel Dirah, Djebel Meghnine, etc.), sont à peu près toutes formées d'éocène supérieur gris (dit medjanien). Plus au Sud enfin, se trouvent abondamment représentés trois terrains principaux : le crétacé supérieur, l'éocène inférieur et le miocène inférieur qui se continuent après ces monts, dans les vastes plaines du Hodna et de Bou-Guezoul.

RESSOURCES MINIÈRES

L'étude minière de la région d'Aumale est encore à faire, mais à première vue, les gîsements ne sont pas encore assez importants pour être exploités. On y rencontre des traces de lignite, de houille, de cuivre ; le fer existe dans presque tous les terrains, mais sans intérêt industriel. Des gîsements de phosphate pauvre existent dans le Hodna, au Sud du Dirah.

Le gypse triasique est exploité dans plusieurs endroits. Il faut noter aussi les ophites et les diorites diverses qui proviennent des roches éruptives et qui accompagnent le gypse.

SOURCES THERMALES

On n'en connaît pas dans les environs immédiats d'Aumale. A quelques kilomètres dans les Béni-Iddou et à la Fontaine du Docteur, existent des sources pétrifiantes.

Relativement près d'Aumale, mais dans le territoire d'Aïn-Bessem, existent des sources thermales fameuses connues du temps des Romains, au lieu dit aujourd'hui «les eaux chaudes», dans la forêt du Ksenna. Les sources au nombre de deux, sont très proches l'une de l'autre ; l'une tombe en cascade d'un rocher, formant une douche naturelle à laquelle l'autre sortant plus bas, semble avoir creusé sa baignoire. Toutes deux sont très chaudes et sulfureuses, très fréquentées par les indigènes ; elles le seraient davantage par les Européens, si les communications et les possibilités de logement étaient plus commodes. La commune mixte d'Aïn-Bessem y a construits quelques abris et installé un gardien. Les chemins qui y accèdent appartiennent d'une part à la commune mixte d'Aïn-Bessem, et de l'autre aux communes d'Aumale et de Bouïra.

Près d'Aumale, à la ferme Clouard, dans un puits Romain restauré on a trouvé une source abondante, sulfureuse au point d'être très désagréable au goût.

CLIMAT ET RENSEIGNEMENTS MÉTÉOROLOGIQUES

Il n'y a à proprement parler, dans la région où sont situées les communes mixtes et de plein exercice d'Aumale, que deux saisons : la saison des pluies et du froid (l'hiver), et la saison chaude (l'été).

La saison des pluies comprend la majeure partie de l'année et commence avec l'automne, dès que les vents froids amènent la chute des feuilles et achèvent de dénuder la campagne déjà brûlée par les feux de l'été. L'hiver amène les pluies, des neiges fréquentes et assez abondantes, mais qui, sauf sur les hauteurs, fondent assez vite, et des vents extrêmement froids, quelle que soit la direction dont ils soufflent.

La saison humide se termine par le printemps dont les pluies bienfaisantes pour les récoltes, sont entrecoupées parfois de rafales de neige, mais aussi de quelques belles journées qui font pressentir des ardeurs de l'été et accélèrent la végétation.

Aumale, à cause de son altitude, ne jouit pas d'un printemps aussi agréable que le littoral algérien, et ce n'est qu'à la fin de Mai ou au commencement de Juin, que la température devient agréable.

La saison sèche qui est en même temps celle des chaleurs, commence avec le moins de Juin pour finir avec les premiers jours d'Octobre. Grâce à l'altitude, les nuits sont assez fraîches, et la chaleur est assez sèche pendant les heures chaudes, pour être supportable malgré des maxima fréquemment atteints de 35 à 40 degrés.

Mais lorsque souffle le sirocco ou vent du Sud, la température devient insupportable, l'air est chaud, mélangé de sable, fatigue les bronches, irrite les nerfs et a les plus fâcheux effets sur la végétation. Ces ouragans redoutés des cultivateurs et insupportables au reste de la population, durent au maximum de cinq à six jours, plus fréquemment une journée seulement, mais ne sont pas assez répétés pour empêcher le climat d'Aumale d'être salubre et de se rapprocher beaucoup de celui des régions montagneuses de la Provence.

NATURE DU SOL

Des notions de géologie sommaire que nous avons relatées plus haut, découlent les éléments dont est composé le sol environnant Aumale, des roches calcaires, calcaires schisteuses, phosphateuses peu abondantes, de la roche schisteuse puis silex, tuf, terre noire et humus, argile, sable, gypse, granit.

PRÉHISTORIQUE

Il existe dans la région d'Aumale, des gisements préhistoriques, dans le Dirah, à la ferme Bordier, ainsi que sur les bords de l'Oued Souaghi et de l'Oued Lekhal. Des silex taillés pour servir d'armes ou d'outils, ont été recueillis par M. Debruge, commis des Postes.

M. Savournin, de l'Ecole des Lettres d'Alger, a relevé vers Sidi-Aïssa, à Aïn-Kerman, dans le Hodna et le Titteri, des traces de tumuli et de ruines mégalithiques.

ASPECT DU SOL

Les environs d'Aumale sont assez accidentés, et dans la commune de plein exercice, les plaines nombreuses mais peu étendues et sans continuité, sont coupées de coteaux considérables ou de rochers abrupts, traces de convulsions géologiques violentes.

Les parties montagneuses, légèrement boisées, sont composées de bancs superposés de calcaire. de grés et de schiste auxquels se mêlent le tuf, l'argile et le silex. Les vallées très fertiles, offrent d'épaisses couches d'humus descendues des montagnes.

Détail curieux, on rencontre fréquemment des chaînes de coteaux parallèles, séparées par un ravin profond et étroit qui sont composés, l'une de calcaire, l'autre de grès. Cet exemple peut se vérifier à quelque kilomètres d'Aumale, à la Fontaine du Docteur.

HYDROGRAPHIE

Le centre orographique de la commune d'Aumale est le massif montagneux du Djebel Dirah qui s'étend de l'Est à l'Ouest, sur une longueur d'environ 50 kilomètres avec une épaisseur moyenne de 10 kilomètres du Nord au Sud.

Sa ligne de faîte passe à 8 ou 9 kilomètres au Sud d'Aumale, et c'est à hauteur de cette ville qu'elle atteint son point culminant à la côte 1.803 mètres.

Ce massif forme la séparation des eaux entre la plaine des Arib au Nord, le Hodna et la plaine de Bou-Guezoul au Sud.

Les principaux cours d'eau qui en découlent sont : au Nord, l'Oued Hallaba, qui se dirige vers Berrouaghia, puis l'Oued Zerouah, qui prend sa source dans le flanc Sud-Ouest du Djebel Dirah, à la côte de 1.326 mètres et se jette dans la Méditerranée, au Cap Djinet, sous le nom de l'Oued Isser (1), l'Oued Lekhal, qui prend sa source en deux branches, l'une au Guergour (2), sous le nom d'Oued Mahadjar, l'autre l'Oued Hadjera, à la côte de 1.134 mètres, contourne toute la face Nord et basse du Dirah et se rejoignent à 4 kilomètres en amont d'Aumale pour former la branche principale de l'Oued Lekhal ; enfin, l'Oued Chaïr, qui trace la limite du département de Constantine en se dirigeant vers le Nord, pendant que l'Oued Terga et son affluent l'Oued Chellaba, qui sortent du Dirah, symétriquement à lui, prolongent vers le Sud la même limite.

Au Sud, se rencontrent l'Oued Djénan qui prend sa source dans le versant Sud du Dirah. Il reçoit près de Sidi-Aïssa, l'Oued Guétérini, et un peu plus à l'Ouest, l'Oued Mamora, qui se dirige également vers le Sud et donne son nom à une région fertile.

Le Dirah, par suite de sa hauteur, est couvert de neige pendant la moitié de l'année, de Novembre à Mai, et il est, pendant le reste de l'année, la cause des pluies relativement abondantes qui fertilisent la région.

(1) L'ancien Serbetès des Romains.
(2) A l'altitude de 1094 mètres.

De nombreuses infiltrations donnent naissance à des sources permanentes qui, dès le temps des Romains, avaient été captées en partie pour l'alimentation d'Aumale, et qui aujourd'hui l'approvisionnent encore, concurremment avec les sour- de l'Oued Souaghi, captées également dans ce but, il y a quelques années.

Cette humidité en créant sur les flancs du Dirah de nombreux et riches pâturages, rend la région d'Aumale éminemment propre à l'élevage. Une vieille légende arabe subsiste encore à ce sujet :

«Il y avait autrefois, disent les indigènes, sur le sommet du Dirah, des prairies si belles, des pâturages si abondants, que les premiers roumis maîtres du pays, y élevaient de nombreux troupeaux de vaches laitières. Au printemps, le lait était si abondant, qu'on en remplissait d'immenses réservoirs d'où il descendait pur et frais du flanc de la montagne, par de petits ruisseaux.

A l'appui de leurs diers, les arabes montrent au pied de la montagne, le lit d'un des principaux affluents de l'Oued Lekhal qui rejoint ce dernier à quelques centaines de mètres au Nord d'Aumale et qui porte encore de nos jours, le nom d'Oued El-Hâlib (1).

Au point de vue hydrographique, le versant Sud de la région du Dirah fait partie du bassin intérieur du Hodna ; le collecteur des eaux de cette région est l'Oued Djenan, que nous avons cité plus haut et qui permet l'irrigation d'une grande partie de la plaine jusqu'à Sidi-Aïssa. Une autre partie de ses eaux alimente les affluents de l'Oued El-Hâm qui, comme l'Oued Djenan, va se perdre dans l'immensité des Chott du Hodna.

Le collecteur de la face Nord est l'Oued Soummam qui se jette dans la mer à Bougie.

(1) Rivière du lait.

Le Dirah projette autour de lui un réseau de petites chaînes montagneuses qui séparent et cloisonnent les bassins des différents Oueds. A l'Ouest, le Djebel Mazouze et le Djebel Kerbouba ; à l'Est, le Djebel Ksenna, le Djebel Djifana et le Djebel Fédana ; au Nord, ces contreforts sont trop courts pour prendre des noms spéciaux. Ces massifs montagneux formés de bancs superposés de grès, de calcaires, font partie, de l'Ouest à l'Est, des Ouled Mériem, Bouarif, Fératt, etc.

POPULATION

La commune de plein exercice d'Aumale, en y comprenant le village de Guelt-el-Zerga, les hameaux de Bir-Djaïch, Aïn-Tasta, Aïoun-Sebaâ, est de 6.537 habitants sur lesquels 3.834 individus, dont 2.262 indigènes, 210 étrangers et 312 français appartiennent à la population agricole.

La population de la commune mixte est de 43.669 individus dont 42.615 indigènes.

En 1846, par ordonnance Royale du Duc d'Aumale, le 21 août 1846, à sa formation, le cercle d'Aumale comprenait 6 caïdats et 28 tribus, savoir :

1° Caïdat du Dirah supérieur.	8 tribus
2° Caïdat du Dirah inférieur.	5 tribus
3° Caïdat des Adaouras.	3 tribus
4° Caïdat du Ksenna.	5 tribus
5° Caïdat des Ouled Moktar Cheraga. . .	5 tribus
6° Caïdat des Ouled Dya.	2 tribus

Le cercle avait pour Agha de 2e classe, Si Ahmed Ouled Bey Bou-Mezrag, frère du célèbre Mokrani, et comme Khalifa, Lakhal Bou-El-Ossif.

Vers 1887, le cercle comprenait 7 tribus qui, en allant de l'Est à l'Ouest, étaient : 1° les Ouled Sidi-Hadjéres, à la limite du département de Constantine ; 2° les Ouled Abdallah ; 3° les Ouled Sidi-Aïssa ; 4° les Ouled Selama ; 5° les Ouled Ali ben Daoud ; 6° les Addaouras Chéragas et 7° les Addaouras Gherabas (1).

Stage de MM. les Administrateurs à Aumale :

MM.	Choisney . .	1881	Blanchard . .	1896
	Robert . . .	1884	Plumat. . .	1899
	Ancey . . .	1891	Brunache. .	1904
	Bouchot . .	1894	Pyolle . . .	1909

A l'heure actuelle, la commune mixte d'Aumale comprend 16 douars-communes, savoir :

	Douars communes	Superficie en hectares	Population
1°	Bougaouden	6.666	2.479
2°	Djouab	5.253	2.247
3°	El Morra	6.214	2.230
4°	Intacen	16.144	3.147
5°	Meghnine	15.377	2.751
6°	Ouled Djenan	17.769	4.447
7°	Ouled Mamora	8.597	1.970
8°	Ouled Bou-Arif	5.037	1.718
9°	Ouled Ferha	7.390	2.171
10°	Oulod Ridan	8.147	1.722
11°	Ouled Thaane	10.209	2.982
12°	Serdoun	17.154	1.935
13°	Souaghi	11.518	3.962
14°	Taguedid	25.203	3.930
15°	Taicha	5.425	859
16°	Zenim	10.726	4.065
		177.822	42.615

(1) Ces tribus situées entre le premier et le deuxième degré de longitude Est, et le trente-cinquième ou trente-sixième degré de latitude Ouest, et d'une étendue d'environ deux cent cinquante mille hectares ramenées aujourd'hui, aux chiffres actuels.

Les douars Bougaouden et Djouab proviennent des anciennes tribus des Ouled Mériem, les douars El-Morra, Intacem, Meghnine, proviennent des Ouled Slama et des Beni-Iddous. Les Ouled Djenan ont pour origine les Ouled Driss. Les douars Mamora, Bou-Arif et Ferha proviennent des Ouled Sidi-Moussa. Les douars Ridan et Thaane sont formés par les Ouled Sidi-Aïssa ; le douar Serdoun par les Ouled Sidi-Ameur ; le douar Taguedid par les Ouled Messellem et douars Taïcha et Zenim par les Ouled Barka.

Tous ces douars n'appartiennent pas à une même famille arabe, ainsi ceux du Nord et de l'Est, faisaient autrefois partie de la confédération quasi féodale des Ouled Amokrane qui, en 1871, sous la conduite du Bach-Agha Mokrani, levèrent contre nous l'étendard de la révolte, pendant que les douars du Sud et de l'Ouest nous restaient fidèles, à part quelques défections individuelles.

POPULATION EUROPÉENNE

Ce qui contribue à donner à Aumale une physionomie particulièrement caractéristique, c'est que c'est un des rares centres «réussi» dès la première heure et dans lequel les premiers éléments français qui ont défriché le sol, ont laissé des traces profondes et donné naissance à des familles de colons qui aujourd'hui possèdent encore le sol à la troisième génération, et pour qui Aumale est devenu une véritable patrie, avec toute la force qui nous attache au sol, grâce au souvenir des ancêtres.

Lors de la création du poste, les premiers habitants civils furent comme partout en Algérie, des commerçants qui suivaient les colonnes.

Peu à peu, quand se furent ébruitées les ressources que les environs d'Aumale offraient pour l'agriculture, à une époque où sa garnison s'élevant à plusieurs milliers d'hommes, en était réduite, faute de voies de communication, presque aux seules ressources du pays, de nouveaux éléments s'implantèrent à côté de l'élément commercial.

Ce furent d'abord comme partout des immigrants français transportés un peu à la légère, sans ressources suffisantes, dans un pays où tout leur était étranger : population, mœurs, climat, culture. De cette première fournée de colons, nous ne trouvons plus guère de traces que dans les familles : Nadal, dont le chef, décédé en 1860, se fixa à Aumale en 1847 et dont les deux frères vivent encore. Mélet, dont le chef, maçon, de l'Ariège, est arrivé en 1848, et dont les enfants exploitent une prospère propriété de 78 hectares.

Quelques années plus tard, à partir de 1850, les français qui s'implantèrent dans la commune pour y faire souche et s'y créer un bien familial, furent pour la plupart des cultivateurs de profession qui, poussés par l'esprit d'aventures, arrivaient en Algérie, après avoir réalisé une somme suffisante pour faciliter leurs débuts, ou des militaires qui, ayant accompli une partie de leur service à Aumale, s'y fixaient après leur libération.

Dans la première catégorie, nous trouvons par ordre chronologique, la famille Salvignol qui, après avoir exploité au début, en 1850, un bien de 60 hectares, cultive aujourd'hui une ferme de 270 hectares.

La famille Charoy, fixée dans le pays depuis 1855, dont le bien considérablement agrandi, est aujourd'hui dans les mains de M. Habas, gendre du fondateur.

La famille Prieur, représentée aujourd'hui par six frères, dont le troisième exploite le bien familial pendant que les cinq autres sont tous autour d'Aumale, fermiers à bail, d'importantes propriétés que leur travail soutenu rend très prospères.

La famille Elgard, originaire des Basses-Pyrénées qui, partie d'un avoir modeste, possède aujourd'hui des propriétés importantes (fixée en 1858).

Il serait trop long d'énumérer tout le monde et de donner le détail des débuts des familles : Savès, Clouard, Arène, Conte, Lamirel, Midenet, Sapor, etc., mais il est impossible de passer sous silence les familles Bordier et Dubouche.

La famille Bordier est originaire de Suisse. Son chef, M. Auguste Bordier, arriva en 1860, comme gérant de moulin. Il acheta vers cette époque, une propriété de 80 hectares et laissa en 1896, à ses sept fils, 1.391 hectares formant six propriétés toutes exploitées par eux aujourd'hui.

M. Marc Dubouche, arriva à Aumale en 1874. A l'heure actuelle, ses six enfants exploitent environ 1.000 hectares de terrain.

Parmi les familles de commerçants et ouvriers, beaucoup sont depuis de longues années, fixées à Aumale, telles les Fuster, 1854 ; Biez, 1865 ; Raveu, 1863 ; Albertini, 1868 ; Boineau, 1861 ; Olivier, 1874 ; Gonzalvès, 1867 ; Crouzier, 1875 ; Parrès, 1874, etc.

Des quelques citations qui précèdent, il est facile de conclure que le sol d'Aumale n'a pas été ingrat pour ceux qui l'ont fertilisé et, en effet, s'il s'est édifié peu de grandes fortunes, on peut avancer, sans crainte d'être démenti, qu'il est peu de centres en Algérie, offrant une prospérité moyenne plus grande.

GÉOGRAPHIE ÉCONOMIQUE

Les ressources naturelles de la région d'Aumale sont surtout agricoles. La faune et la flore diffèrent peu de celles de l'ensemble de l'Algérie, en tenant compte toutefois de l'altitude relativement élevée de la moyenne des deux communes qui, en rendant le climat sensiblement pareil à celui du Midi de la France, a fait disparaître du règne végétal comme du règne animal, une grande part des éléments tropicaux qui ajoutent du pittoresque à beaucoup de régions de la Colonie.

FLORE

ARBRES FORESTIERS. — Peu ou presque pas de sapins, *le pin d'Alep* domine dans presque toutes les agglomérations forestières. *Le chêne-vert*, *le chêne à gland*, exploité comme bois de charronnage et comme bois à brûler, *le chêne-liège*, également exploité, quoique peu nombreux ; *le chêne zéen*, *le genévrier*, *l'olivier sauvage*, *le lentisque* et *le pistachier sauvage*. Egalement au bord des cours d'eau, *l'ormeau*, *le saule pleureur*, *le tremble*, *le platane*, *le peuplier* (en arabe safsaf), qui donne son nom à un des affluents de l'Oued Lekhal, *le frêne* et *le laurier rose*, qui tout l'été, fleurit de ses bouquets le bord de nos oueds.

BROUSSAILLES ET PLANTES ODORIFERANTES. — *Le romarin*, *le thym*, *le genêt d'Espagne*, *l'aubépine*, *l'églantier*.

ARBRES D'AGREMENT. — On a acclimaté *l'eucalyptus globulus à essence*, quoique son feuillage gèle en partie dans les hivers rigoureux. *Le vernis du Japon, le néflier du Japon,* dont le fruit arrive à maturité, *l'acacias, le cyprès, le lilas, le figuier de Barbarie*, dans les parties basses et abritées de la région, a précédé l'installation française.

Les plaines du Sud sont couvertes *d'alfa* ; les pentes dénudées des montagnes verdoient sous de nombreuses touffes de *diss* qui offrent un pâturage d'été et d'hiver aux troupeaux des indigènes et des colons.

Comme *plante oléagineuse* on cultive avec succès *l'arachide*. Comme plantes à alcool, *le sorgho,* qui est surtout cultivé comme fourrage d'été, *l'asphodèle* qui pullule partout, mais n'est nulle part exploité.

OLIVIER. — En raison de l'altitude, sa culture est peu recherchée. On doit supposer que le climat d'Aumale a dû subir de profondes modifications depuis l'époque romaine, car de nombreux vestiges de moulins à huile datent de cette époque et montrent que les énormes et séculaires oliviers sauvages disséminés dans nos forêts, sont les vestiges d'importantes plantations autrefois prospères.

VIGNE. — La vigne gèle souvent au printemps et donne un rendement faible quoique d'assez bonne qualité. Elle n'est cultivée que dans les parties basses et abritées des vents.

ARBRES FRUITIERS. — *Les orangers, mandariniers, citronniers, bananiers ou palmiers-dattiers*, ne peuvent prospérer dans la région, vu l'altitude élevée et le climat rigoureux. L'arbre fruitier le plus répandu est *l'amandier*. *Les poiriers*, *pommiers* et autres arbres de culture européenne, donnent d'assez beaux fruits, mais règle générale, presque tous véreux.

LEGUMES. — *La pomme de terre* vient très bien et donne, en champ irrigable surtout, de fort beaux rendements ; *les pois*, *haricots*, *lentilles* et *fèves*, se récoltent verts et ne sont pas suffisants à la consommation. Il en est de même pour tous les autres légumes de potager pour lesquels l'importance supplée au manque de production, exception faite pour les *oignons*, *navets* et *courges* qui sont cultivés en grand dans les champs irrigables et suffisent au-delà à la consommation tant européenne qu'indigène.

CEREALES. — C'est la principale production du pays ; le blé tendre n'est encore cultivé qu'à l'état d'essai. Le *blé dur* de la région d'Aumale, passe pour supérieur à celui des régions avoisinantes et est très recherché de la meunerie, en raison de la qualité de la farine et de son rendement élevé, ainsi que de sa supériorité pour la fabrication des pâtes alimentaires.

L'*avoine* n'est cultivée que par les Européens et pour la consommation de leurs bestiaux seulement. Le *bechna, le sorgho, le maïs,* sont également peu cultivés.

Dans les fermes européennes, l'*orge* n'est également qu'une culture accessoire ; par contre, elle forme la majeure partie des ensemencements indigènes, particulièrement au Sud du Dirah, où elle donne de fort beaux rendements pendant les années pluvieuses.

FAUNE

Nous ne nous étendrons pas sur la faune sauvage de la région, nous nous bornerons à faire remarquer la disparition des *gazelles* qui avaient donné leur nom à «Sour Rozlan». De même, si *le chacal* pullule, si *la hyène*, *le renard* et *la civette* ont encore de nombreux représentants, *le lion* et *la panthère*, encore nombreux il y a 30 ans, tendent à disparaître, le premier surtout.

GIBIER. — Assez nombreux à quelques kilomètres d'Aumale, car les environs immédiats sont à peu près dépeuplés, grâce à l'abondance des chasseurs.

Perdrix rouges, *cailles* de diverses espèces, *alouettes* de toutes grosseurs, etc. De nombreux *lièvres* de petite taille, mais charnus et parfumés.

La *bécasse* et tous les oiseaux de marais ont au moment des passages, de nombreux représentants le long de nos cours d'eau. Ceux-ci sont peuplés de *barbillons* et d'*anguilles*, sans compter les habituels batraciens et innombrables *tortues* d'eau.

REPTILES. — D'innombrables espèces de *lézards* inoffensifs, de nombreuses *couleuvres*, pas de vipères ni d'autres serpents venimeux. En revanche, la *tarentulle* ou araignée des champs, dont la piqûre est venimeuse et les *scorpions jaunes* et *noirs* (ces derniers dangereux), peuplent d'insectes désagréables, les pierrailles de nos champs.

ANIMAUX DE FERME. — La richesse des pâturages rend la région d'Aumale particulièrement prospère à l'élevage, tant des bovins que des ovins. Chez les Européens, on rencontre de nombreux sujets qui, par leur taille et leur qualité, ne le cèdent en rien aux plus beaux échantillons des régions d'Algérie les plus favorisées sous ce rapport. Seules, les vaches laitières laissent à désirer, et les espèces françaises et suisses, paraissent s'acclimater avec difficulté.

L'*espèce chevaline* de la région a été de tous temps renommée et fournit de nombreux et remarquables sujets à la remonte militaire (particulièrement dans la région des Adaouras). Les éleveurs européens produisent de beaux *chevaux de tête*.

Le *mulet* vient surtout de Kabylie et est peu souvent élevé dans le pays, en raison même de la qualité des produits chevalins. Ce sont surtout les indigènes qui font naître et élèvent des *muletons*.

BASSE-COUR. — Toutes les espèces prospèrent dans la région ; seul, l'élevage du lapin ainsi que celui du cochon est peu pratiqué.

La sériciculture n'est pas pratiquée.

Statistique agricole de la Commune Mixte pendant la campagne 1908-1909 :

POPULATION AGRICOLE TOTALE : 42.640

Dont Indigènes : 42.615. — Français : 25.

2o PROPRIETES. — Leur nombre total n'est pas exactement connu, vu l'indivision très grande de certaines parcelles arabes. Elles comprennent 127.069 hectares, alors que la superficie totale de la commune est de 177.822 hectares, celle du Domaine public, 3.186 et clle des forêts domaniales, 9.998.

Huit propriétés sont entre les mains des Européens.

3° REPARTITION DES CULTURES CEREALES:

Blé, 9.330 hectares; orge, 18.570 hectares; prairies et fourrages, 1.300 hectares; jardins, 100 hectares.

4° CONSTRUCTIONS AGRICOLES

Françaises: 8, valant 30.800 francs; Indigènes: 9.450, valant 1.875.400 francs.

5° MATERIEL AGRICOLE (Nombre)

Charrues françaises: 310; charrues arabes: 2.200.

6° QUANTITE DE CEREALES RECOLTES

Blé dur, 55.458 quintaux; orge, 134.632 quintaux; Fourrages, 14.300 quintaux.

7° ANIMAUX DE FERME (Nombre):

Chevaux de travail, 1.528; Chevaux de main, 259; Mules et mulets, 2.310; Anes, 3.060; Moutons ou brebis, 116.041; Chèvres et boucs, 46.386; Laines et toisons, 103.200 kilos; Chameaux, 253; Bœufs, vaches ou taureaux, 12.942.

ARBRES FRUITIERS: 18.775

RUCHES A MIEL: 54

9° HYDROLOGIE

De nombreuses sources sont utilisées, 14 puits et 17 abreuvoirs sont entretenus par le budget de la commune.

Statistique de la Commune de plein exercice pendant la campagne 1908-1909:

1° POPULATION AGRICOLE: 2.834 individus, dont:

2.262 indigènes; 210 étrangers, 312 français.

2° PROPRIETES

Nombre total 285, dont 131 au-dessous de 10 hectares et 37 au-dessus de 100.

Les propriétés françaises sont au nombre de 83 dont 29 de plus de 100 hectares.

Les propriétés étrangères au nombre de 6 dont deux de plus de 100 hectares.

Les propriétés indigènes sont au nombre de 192 dont 3 de plus de 100 hectares et 127 de moins de 10 hectares.

3° SUPERFICIE, 13.745 hect. dont:

9.939 aux particuliers; 149 au Domaine public; 1693 aux forêts domaniales; 1.519 au Communal.

4° REPARTITION DES CULTURES:

	1908	1909
Céréales..........	5.641 hectares	1109 hectares
Vigne............	38 —	38 —
Jardins...........	30 —	24 —
Prairies..........	72 —	0 —
Autres cultures....	18 —	8 —

5° CONSTRUCTIONS AGRICOLES:

572 valant 1.787.500 francs dont aux Européens 155 constructions valant 1.000.030 francs et aux Indigènes 417 constructions valant 78.720 francs.

En 1898 le nombre total des propriétés n'était que de 291 valant 518.700 francs.

6° MATERIEL AGRICOLE

En 1908 on compte 934 machines valant 192.795 francs dont 471 charrues françaises et 40 charrues indigènes sur lesquelles les indigènes utilisent 117 charrues françaises et 36 indigènes.

En 1898, 238 instruments valaient 48.000 francs.

7° MAIN-D'ŒUVRE AGRICOLE

En 1908 il a été payé 119.780 journées de travail moyennant 259.660 francs.

8° CEREALES

Blé dur...........	22.719 quintaux
— tendre.........	80 —
Orge..............	6.400 —
Maïs..............	180 —
Bechna....	440 —
Total.....	7.100 quintaux

9° FOURRAGES

4.000 quintaux environ.

Nota: La récolte 1908 a été contrariée par l'invasion des criquets qui ont détruit en grande partie les fourrages, le maïs et le bechna, et causé le plus grand tort aux céréales.

10° ANIMAUX DE FERME (Nombre)

En 1898, le total des animaux était de 5.474 environ.

En 1908	Chevaux......	364	dont	209	aux Européens
	Mulets........	339	—	176	—
	Anes.........	121	—	26	—
	Bovidés.......	2.745	—	1.585	—
	Bœufs labour.	1.545	—	935	—
	Ovins........	18.920	—	12.120	—

11° ARBRES FRUITIERS

En 1908, 2.855 auxquels il faut ajouter 6.430 oliviers dont 6.270 greffés et 360 de rapport.

Consommation de bouche pour la ville d'Aumale en 1909: 700 bœufs, 5.750 moutons, brebis, agneaux ou chèvres, 80 porcs.

Observations sur l'Agriculture de la région d'Aumale

L'augmentation de la main-d'œuvre agricole est due au nouveau genre de culture adopté par les Européens qui exécutent maintenant des labours préparatoires à la charrue Brabant et pratiquent le fumage, soit au fumier de ferme, soit à l'engrais artificiel.

Le matériel de ferme augmente journellement en nombre et en valeur, et comprend des moissonneuses, des râteaux, des herses, des rouleaux à cheval et des batteuses à vapeur.

Les indigènes abandonnent également leur antique charrue arabe pour la charrue française, et fument et entretiennent un peu mieux leurs terres.

Il y a cependant un grave reproche à leur faire, ils sont les ennemis des arbres ; le long des routes, ils les brisent, dans les fermes, ils ne leur donnent pas les soins nécessaires, ils les laissent abîmer et manger par les troupeaux, et les arrachent au besoin. Plus d'un incendie de forêts leur incombe. Tous les ans, en Algérie, plusieurs centaines d'hectares sont détruits de cette façon, car ils en tirent un profit immédiat. L'Administration Forestière, trop bonne à leur égard, les autorisant à pacager dans les forêts brûlées. Le retrait de ces autorisations serait peut-être un remède.

Effets culturaux du climat

Bien que l'été soit généralement très sec, quelques orages en juillet et en août viennent souvent entraver les moissons et les battages ; après ces derniers qui durent environ un mois, quelques cultivateurs font des labours préparatoires d'automne. Les semailles se font généralement du 1er novembre au 15 janvier, en commençant par l'orge ; le blé se sème ensuite et le plus souvent sur labours préparatoires de printemps ou d'automne, en cas de mauvais temps ou de sécheresse persistante. Dans ce dernier cas, les labours durent jusqu'en fin février, sans préjudice pour la récolte, si le printemps est pluvieux.

Dès les premières pluies d'octobre ou de novembre, la campagne devient verdoyante, agréable à la vue et se couvre spontanément d'une radieuse végétation dans laquelle les troupeaux trouvent largement de quoi se refaire et se remettre des privations et des fatigues de l'été.

Dans les hivers très rigoureux, la neige couvre parfois les champs pendant deux semaines ; il faut nourrir les troupeaux et les bêtes de somme dans les étables, ce qui est coûteux, difficile parfois et amène de fâcheuses mortalités.

Lorsque les rigueurs de l'hiver se font ainsi sentir, le Sud-Est est d'un précieux concours, le froid y étant moindre et la neige presque nulle. Quelques cultivateurs et indigènes qui se livrent à l'élevage et au commerce des moutons, obtiennent de très bons résultats en envoyant leurs troupeaux en hiver dans les pâturages du Sud et en les ramenant au printemps dans la région d'Aumale, où ils retrouvent nourriture et chaleur.

Ce sont les pluies d'avril et de mai (ces dernières surtout),qui décident dans la région, de l'avenir des récoltes. Il faut craindre en mai et en juin le terrible siroco qui risque de sécher sur pied les céréales en fleurs, dans les terres chaudes et exposées au Sud. Les rosées de nuit, généralement abondantes, combattent la sécheresse de l'été, mais quelquefois, de fâcheux brouillards au mois de mai, charbonnent les épis et facilitent la rouille des blés.

Par l'ensemble de la région, les fourrages ne sont guère produits par chaque cultivateur, que pour la consommation de ses bêtes de travail ou d'élevage, mais il ne leur est malheureusement pas toujours possible, quand le printemps est sec, de s'assurer une provision de foin pour l'hiver suivant.

La meilleure région fourragère est le Djebel Dirah, où pousse spontanément une herbe riche en plantes odoriférantes.

Les entrepreneurs de fournitures militaires s'approvisionnent presque toujours dans la plaine des Arib et dans les régions de Sétif et de Tizi-Ouzou.

Voie de Communication

Aumale est particulièrement déshérité au point de vue de la commodité des communications. La station du chemin de fer qui dessert la ville est celle de Bouïra, située à 124 kilomètres d'Alger, sur la grande ligne d'Alger à Constantine (chemin de fer de l'Etat, anciennement Est-Algérien).

La distance de Bouïra à Aumale est de 45 kilomètres en passant par les Trembles (13 kilomètres d'Aumale), l'important centre d'Aïn-Bessem et les villages agricoles de Bertville et d'Aboutville.

Deux voitures publiques dans chaque sens, partent toutes les 12 heures de Bouïra et d'Aumale, assurant ainsi la correspondance des voyageurs et des colis avec les trains montants et descendants de la ligne de Constantine.

Mais ces respectables véhicules, qui en France sembleraient antédiluviens mettent (malgré la bonne volonté des six chevaux qui les traînent), 5 heures, voire davantage à accomplir ce trajet, quand le temps est mauvais, et leur confortable, bien que les entrepreneurs actuels l'ait beaucoup amélioré, laisse encore fort à désirer.

Un autre service de voiture relie encore Aumale à Alger, en passant par Bir-Rabalou et Tablat et en correspondant à l'Arba avec les trains sur route des C.F.R.A. La durée du trajet dans ce sens est d'une vingtaine d'heures. Il y a un départ par jour en chaque sens.

La piste dite de la Baraque, qui met Bouïra en communication directe avec Aumale et n'a qu'une longueur de 35 kilomètres environ, n'est que partiellement empierrée sur une longueur d'à peu près 20 kilomètres. Les pluies transforment le reste en d'impraticables fondrières, et nos colons, de même que les voyageurs impitoyablement cahotés pendant 5 heures sur la route d'Aïn-Bessem, ne peuvent que regretter qu'elle n'ait pas encore été terminée, ce qui rendrait le trajet vers Bouïra plus rapide et moins coûteux.

Au Sud, Aumale est encore relié à Sidi-Aïssa, 33 kilomètres, et à Bou-Saâda, 125 kilomètres, par une autre ligne de diligence du même type que celles de Bouïra et d'Alger (actuellement un service d'auto assure le transport des voyageurs). La durée du trajet pour la première de ces localités est d'environ 4 heures, elle est de 22 heures environ pour le seconde.

Depuis de longues années, une voie ferrée est à l'étude, devant joindre Aumale à Bouïra viâ Aïn-Bessem, et se prolonger par la suite dans la direction de Berrouaghia.

Anciennement, cette ligne devait être à voie étroite et exploitée par les C.F.R.A. Ses premiers travaux en ont été exécutés, et les terrassements et ouvrages d'art amenés jusqu'à quelques kilomètres d'Aumale.

Dans le nouveau programme de travaux publics algériens, la ligne doit être à voie large, craignons donc que tout soit à recommencer, et bien que l'on voie de temps en temps sur le parcours des géomètres ou des ingénieurs placer et déplacer des jalons, il est à craindre que l'état de choses actuel ne dure encore longtemps. Il entraîne pour nos commerçants et nos colons de lourdes dépenses et rend impossibles les modes de cultures perfectionnées, en augmentant démesurément le prix des engrais artificiels et les frais d'exploitation, ensuite il rend d'une chèreté singulière et fâcheuse, le prix de l'existence matérielle.

L'an dernier, des essais avaient été tentés pour l'établissement d'un service direct d'omnibus automobiles entre Aumale et Alger par l'Arba, mais les difficultés de la route, en particulier la terrible côte de Saccamodi, et il faut bien le dire aussi, la faiblesse des moteurs essayés, ont fait abandonner ce projet dont la réussite eut été pourtant vivement à désirer.

Service Téléphonique

Depuis le mois de juillet 1909, Aumale est en communication téléphonique avec Alger d'une part, et les stations intermédiaires viâ Aïn-Bessem, avec Sidi-Aïssa d'autre part, ce qui rend de signalés services à nos concitoyens.

Commerce et Industrie

Ils se réduisent à Aumale aux seuls besoins de consommation des habitants et est représenté dans toutes ses branches par plusieurs membres tant dans la partie Européenne qu'Indigène. Il existe dans le périmètre de la commune de plein exercice, deux minoteries à vapeur ; la plus importante est celle de Mme veuve Meyer, au lieu dit «La Tranquillité», à la porte d'Alger, à 300 mètres des remparts ; l'autre, sise à deux kilomètres sur la route d'Alger, est celle de M. Brunet ; au quatrième kilomètres sur la même route le moulin Jobert, construit pittoresquement contre la montagne et plus bas, au sixième kilomètre, sur la route de Guet-el-Zerga, le moulin Narbonne, ancien moulin Pouget. M. Arène est en train d'en installer une, à l'intérieur de la ville.

De même, sur l'Oued Lekhal, est une assez importante usine de chaux hydraulique appartenant à M. Postéraro ; des fours à plâtre et des briqueteries donnant des produits de premiers choix, sont en exploitation sur divers points.

Conclusion

Je n'irai pas plus loin dans les détails relatifs à la ville d'Aumale.

Quoique bien ancienne à travers les siècles, elle est toute jeune depuis sa résurrection française et indigène, car 75 ans, c'est l'enfance pour une cité, mais cette nouvelle adolescence permet d'ores et déjà de lui prédire un bel âge mûr.

En effet, comme l'antique Auzia, Aumale a d'abord été un poste militaire jusqu'à ces dernières années, c'est surtout aux deux mille hommes de troupes qui l'occupèrent en temps normal qu'elle a dû sa prospérité.

Aujourd'hui que la pacification française a fait son œuvre, que l'Arabe déposant son long fusil et son yatagan ne se préoccupe plus que de ses troupeaux et de ses récoltes, sous la main équitable et paternelle de l'administration française, c'est au seul labeur de nos colons qu'Aumale doit son bien-être. Et ces colons viennent de jour en jour plus nombreux défricher le sol fertile que l'incurie musulmane avait si longtemps laissé en friches ; déjà à plusieurs kilomètres à la ronde, les propriétés disponibles se font rares et la valeur moyenne des terres améliorées par une savante culture croît constamment.

Toute cette étude a pu paraître un peu ardue et un peu chargée de chiffres, mais nous n'avons pas entendu faire ici une œuvre littéraire, mais bien un exposé consciencieux et précis de tout ce qui a trait à la région d'Aumale et de ce qui peut intéresser nos compatriotes de France et d'Algérie désireux de s'y fixer.

Lorsque le chemin de fer, si longtemps promis, reliera Aumale à Bouïra et à la grande ligne de Constantine, tout fait espérer que le développement de notre région, si fâcheusement contrarié par les difficultés des communications, prendra un essort nouveau et facilitera aux habitants, maintenant que l'ère des expéditions militaires et grosses garnisons est close, une prospérité basée sur l'agriculture et le commerce qui dès maintenant donnent déjà les plus satisfaisants résultats.

FIN.

TABLE DES MATIÈRES

Imprimerie
Algérienne
30, r. Sadi-Carnot
Alger

Imprimerie Algérienne
-1 OCT. 1912
RUE SADI-CARNOT, 30
ALGER

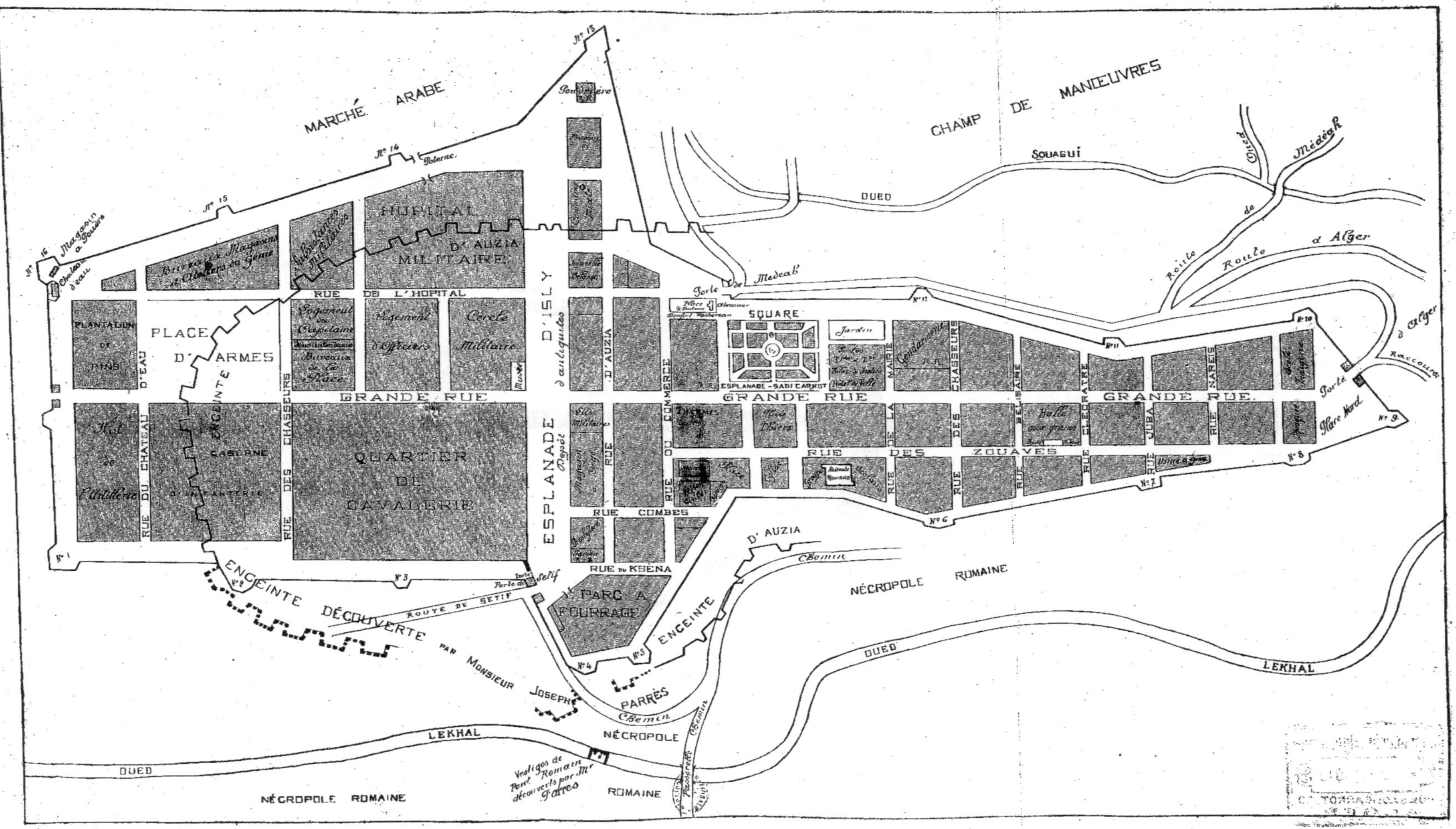
MARCHÉ ARABE
CHAMP DE MANŒUVRES
SOUAGUI
OUED
Oued
Médéah
Route de Médéah
Route d'Alger
d'Alger
Raccourci
Magasin à Poudre
Château d'eau
Poterne
Poudrière
Hôpital d'Auzia Militaire
Bureaux, Magasins et Ateliers du Génie
Subsistances Militaires
RUE DE L'HOPITAL
PLANTATION DE PINS
PLACE D'ARMES
ENCEINTE
Logement du Capitaine
Bureaux de la Place
Logement d'Officiers
Cercle Militaire
Musée
ESPLANADE D'ISLY
Dépôt d'antiquités
RUE D'AUZIA
RUE DU COMMERCE
SQUARE
Jardin
ESPLANADE - SADI CARNOT
Porte de Médéah
GRANDE RUE
Gendarmerie
RUE DE LA MAIRIE
RUE DES CHASSEURS
RUE BELISAIRE
RUE CLEOPATRE
RUE JUBA
RUE NAREIS
RUE DES ZOUAVES
Halle aux grains
Mosquée
École Indigène
Porte
Place Nord
Hôt de l'Artillerie
RUE DU CHATEAU D'EAU
CASERNE D'INFANTERIE
QUARTIER DE CAVALERIE
Thermes
Redoute Romaine
RUE COMBES
RUE DU KSENA
PARC A FOURRAGE
Porte de Setif
ROUTE DE SETIF
ENCEINTE DÉCOUVERTE PAR MONSIEUR JOSEPH PARRÈS
ENCEINTE D'AUZIA
Chemin
NÉCROPOLE ROMAINE
OUED LEKHAL
Vestiges de Pont Romain découverts par Mr Parrès
Passerelle
N° 1
N° 2
N° 3
N° 4
N° 5
N° 6
N° 7
N° 8
N° 9
N° 10
N° 11
N° 12
N° 13
N° 14
N° 15
N° 16

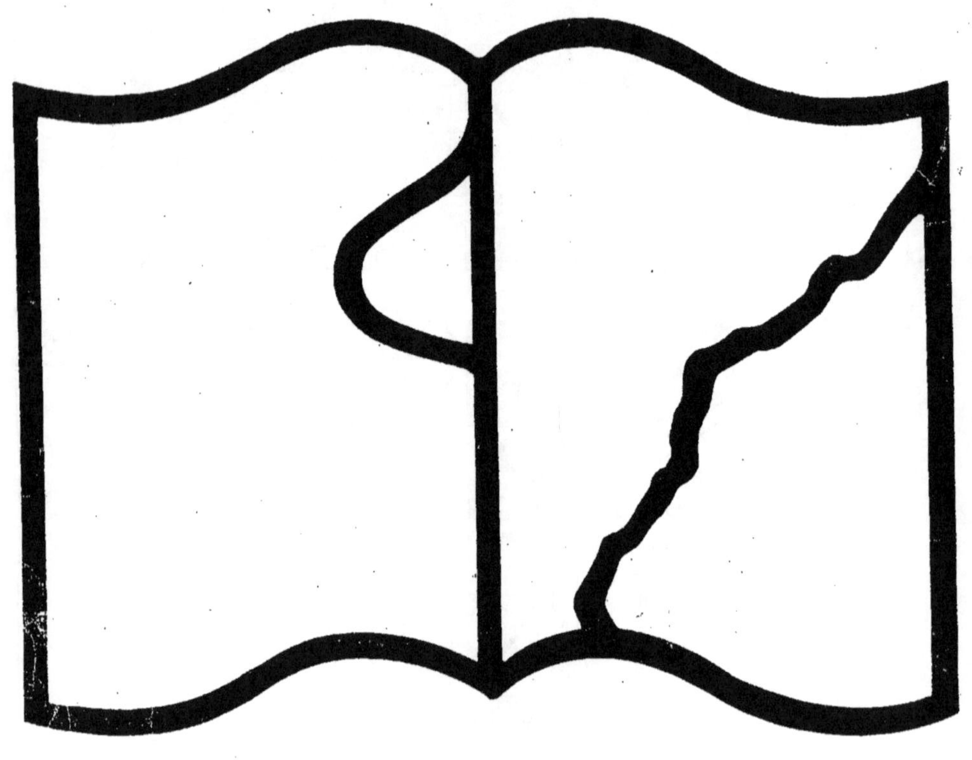

Texte détérioré — reliure défectueuse

NF Z 43-120-11

Contraste insuffisant

NF Z 43-120-14

www.ingramcontent.com/pod-product-compliance
Lightning Source LLC
LaVergne TN
LVHW020403230826
846091LV00003B/1133

9782012884984